改訂版

正しい宗教と信仰

折伏弘教の手びき

目次

第一節　信仰に反対する人へ

第二節　他の信仰をしている人へ

第三節　信仰を持たない人へ

第四節　迷信・俗信・占いなどを信じている人へ

第五節　正しい信仰を求めている人へ

第六節　正しい宗教とは何か

第一節　信仰に反対する人へ

1　信仰と名のつくものはなんであろうときらいだ

私たちは、日常様々な判断《はんだん》をしながら生きています。善悪《ぜんあく》を考えて決断しなければならないときもありますし、損《そん》か得《とく》かを考えて行動したり、他人の評価《ひょうか》を考慮《こうりょ》して行動する場合もあります。

幼児《ようじ》のころはだれでも、善悪や他人の評価などにとらわれず、好きかきらいかという自分本位の感情で判断し、笑ったり泣いたりします。しかしその幼児も成長し、責任ある社会人になると、好ききらいの感情による判断だけでなく、理性による判断、つまり物事《ものごと》の道理《どうり》や善悪・利害などを考えて行動するようになります。人間だれしも好ききらいの感情は生まれながらに持っており、どんな人でも好きになれない食物《たべもの》や飲物《のみもの》はあるでしょうし、一般に〝医者ぎらい〟を自称《じしょう》する人も多いようです。しかし、医者がきらいだといっても、健康を損《そこ》ねたり生命にかかわるケガをしたときは、身体を守るために医者にかからなければなりません。

私たちの周囲には、好ききらいで判断してよいことと、その反対に、先程の医者ぎらいのたとえのように、理性で正邪・善悪・得失《とくしつ》・用否《ようひ》などを決定しなければならないときがあるわけです。

これを取り違えて用《もち》いたり、すべて好ききらいの感情で判断することは、極めて幼稚《ようち》な行動であり、危険なことでもあります。

もし、信仰が趣味《しゅみ》や道楽《どうらく》あるいは一種の友好活動に過ぎないものならば、好きかきらいかで判断し、きらいな人には近づかなければよいわけです。しかし、正しい宗教とは、苦悩《くのう》に直面している人に対してはもちろんのこと、それ以外の、特別な悩みがないという人に対しても、正しい生命観・人生観に立脚《りっきゃく》した真実の幸福を獲《かく》得《とく》する道を説いています。この正しい宗教を信仰することによって、私たちは個々の生命力をより生き生きと蘇生《そせい》させ、人生を力強く充実したものに変えることができるのです。

人生を木にたとえるならば、正しい信仰は根や幹《みき》に当たるといえるでしょう。なぜなら正しい信仰が、人生の根源の力になるからです。

ですから、信仰を単《たん》に好ききらいで決めることは、自分の人生の根本を感情で決定することであり、賢明《けんめい》な方法ではありません。

私たちの人生は、いつ、どこで幕《まく》を閉《と》じるかわかりません。また、自分の真実の幸福は、家族や周囲の人々へ、そして社会の幸せにも通じていくのです。今日一日を正しい信仰によって生活することは、あたかも羅針盤《らしんばん》を備《そな》えた船のように、幸福という目標に向かって正しく前進することになるのです。

どうか好ききらいにとらわれず、真実の仏法に耳を傾《かたむ》けて、信仰が必要なことを知ってください。

素直《すなお》な心で仏の教えに触《ふ》れるとき、あなたは人生でもっとも大切な宝を、今まで忘れていたことを痛感《つうかん》するでしょう。

２　信仰は理性をマヒさせるアヘンのようなものではないか

「宗教はアヘンである」といったのは、かの有名なマルクスです。彼は、当時の退廃《たいはい》的なキリスト教の姿を見て、宗教は人間にとって現実的な矛盾《むじゅん》の解決になるものではなく、むしろ現実から目をそむけさせて、仮《か》りに一時的な心の安らぎを与えているに過ぎないと指摘《してき》したのです。

宗教とは、本来《ほんらい》一個の人間がいかに生きるかというところに、その目的があるのですが、中世のキリスト教をはじめとする過去の宗教の歴史では、むしろ、宗教のために個人が翻弄《ほんろう》されてきたというのが事実です。宗教のために人が翻弄されたときほど、悲惨《ひさん》なことはありません。そこではすべての人間性と理性は神の名のもとに否定《ひてい》され、人間は神の奴隷《どれい》でしかなかったのです。マルクスが「宗教はアヘンだ」といったのは、このような暗い、人間性を無視《むし》した宗教を指したものでした。

キリスト教に限らず教条主義的《きょうじょうしゅぎてき》な宗教は、あらゆる面において神の言葉に服従《ふくじゅう》することだけを強調して、善良な信徒の理性をマヒさせるものなのです。

しかし、すべての宗教が同様《どうよう》であるということではありません。正しい法義と正しい本尊を説き明かし、一人ひとりの人間の生命力を蘇生《そせい》させ、力強く人生を開拓《かいたく》し、真の幸せな境界《きょうがい》を築くという、宗教本来の目的を説き続けてきた唯一《ゆいいつ》の宗教があります。

それが日蓮大聖人の仏法です。

大聖人は、

「御みやづかい《仕官》を法華経とをぼしめせ。『一切世間の治生産業は皆実相《じっそう》と相違背《あいいはい》せず』」（檀越某御返事・御書一二二〇㌻）

と説かれています。

すなわち、仏法とは世間法《せけんほう》とかけ離《はな》れたものではなく、治生産業に励み、よき人材となって成長していくことを目的の一つとしているのです。

日蓮大聖人の仏法を持《たも》つ者は、この精神を根本として、社会のなかにあっても積《せっ》極的《きょくてき》に行動し、あらゆる分野で活躍《かつやく》しています。

人生は、幸・不幸、悲喜こもごもです。しかし、大聖人の仏法を信仰する者は、たとえ逆境《ぎゃっきょう》のなかにあっても、信仰の功徳によって、苦難にも勇敢《ゆうかん》に立ち向かい、諸難を乗り越《こ》えていけるのです。

真実の宗教は、人間の意識を消極的《しょうきょくてき》にするものではなく、むしろ、信心の力によって不幸をも克服《こくふく》する強い生命力を発揮《はっき》させ、積極的に生きる力を育《はぐ》くむものなのです。弱い人間が信仰に逃避《とうひ》して、つかの間《ま》の安らぎを求める、というようなものではけっしてありません。

アヘンのごとき邪教《じゃきょう》に惑《まど》わされることなく、道を求める心を開き、勇気をもって真実の正法に帰依《きえ》し、その良薬を口に含《ふく》み、正法を味《あじ》わうときにこそ、真の人生のはつらつとした生きがいを見いだすことができるのです。

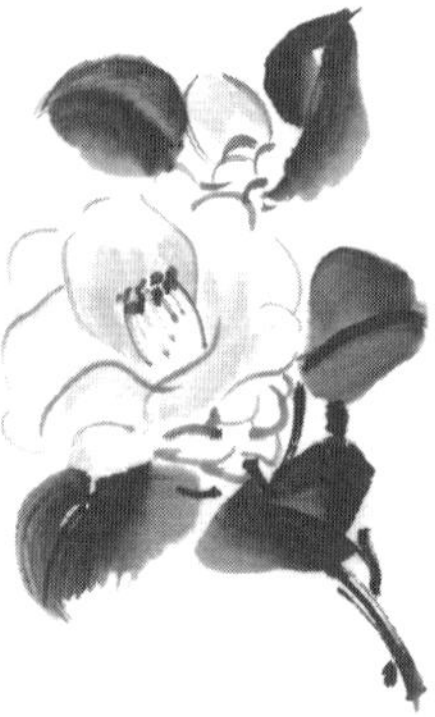

3　信仰はもうこりごりだ

現在、日本には二十二万以上の宗教団体があります。

そのなかには、古い歴史《れきし》と伝統《でんとう》を持つ宗教から、最近生まれた宗教まで、多種多様《たよう》です。そして、歴史を誇る宗教は、その伝統と古めかしい教義を説き、また各種の新興宗教は、それぞれの人の耳目《じもく》を惑《まど》わすような、小さな通力《つうりき》や利益《りやく》を説いて、一人でも多くの人を引きつけようと懸命《けんめい》です。

「信仰はもうこりごりだ」という人は、これらの宗教に一度ならず足を踏《ふ》み入れ、そのつど、願いもかなわず、むなしい思いを味わった人であろうと思います。

宗教は人の心と生活の全体に影響《えいきょう》を持つものですから、一歩間違《まちが》えて邪教にのめり込んだら、どんなに立派な志《こころざし》を立てても、その結果は逆になってしまうのです。
しかも、邪《よこし》まな宗教に一度落ち込んだら、なかなかはい上がることができません。何よりも恐ろしいことは、悲惨《ひさん》なその姿《すがた》に、本人自身が何も気づかず、不幸だとも思っていないことです。

このように、個人の理性をマヒさせるのが、邪教のもっとも恐ろしいところなのです。今も非常に多くの人々が、その麻薬《まやく》のような利益に執着《しゅうちゃく》して、抜《ぬ》けられないでいるのですが、なんとかしてそこから抜け出た人が、二度と宗教には足を踏み入れたくないと思うのは当然でしょう。

しかし、だからといって、真実の宗教も邪まな宗教も、十把一《じっぱひと》からげにして、すべてを否定することは、あまりにも軽率《けいそつ》に過《す》ぎます。

それは、あたかも一部の警察官の不祥事《ふしょうじ》をもってすべての警察官がそうだと決めつけたり、何人かの悪徳《あくとく》医者がいたからといって、それですべての医者を悪徳呼ばわりし、医者を拒否《きょひ》する愚《ぐ》に似《に》ています。

日蓮大聖人は、

「人路《みち》をつくる、路に迷ふ者あり、作る者の罪《つみ》となるべしや」

（撰時抄・御書八三五ページ）

と仰《おお》せられています。過去にあなたが邪まな宗教にとらわれ、欺《あざ》むかれてきた原因は、あなたに正法正義を選択《せんたく》する力がなかったからなのです。ですから邪教に惑《まど》わされた自《みずか》らの不明《ふめい》を顧《かえり》みて、真実の宗教と邪教とを識別《しきべつ》する方法を知る必要があります。

大聖人は、宗教の正邪浅深《せんじん》を知る物差《ものさし》として、

「法門をもて邪正《じゃしょう》をたゞすべし。利根《りこん》と通力《つうりき》とにはよるべからず」

（唱法華題目抄・御書二三三ページ）

と教えられています。

つまり、仏法の正邪は、耳目《じもく》を惑わすような通力によって決めてはならない。あ

くまでも、人々を救済《きゅうさい》できる道理《どうり》と働きと力を教え授《さず》ける法門によって決めなさい、と説かれています。

さらに大聖人は、

「日蓮仏法をこゝろみるに、道理と証文《しょうもん》とにはすぎず。又道理証文よりも現証《げんしょう》にはすぎず」（三三蔵祈雨事・御書八七四ジペー）

と説かれています。

すなわち、正しい仏法を判定するためには、正しい救済の道理と、明確《めいかく》な仏の文証と、実際の功徳の現証に裏づけられていなければならないと説かれています。

この三証《さんしょう》（文証・理証・現証）によって裏づけられ、いかなる時代の人々の理性と常識《じょうしき》にも対応《たいおう》し、真実に人を救う力のある宗教が、日蓮正宗として現実に存在するのですから、「もうこりごりだ」などといって逃《に》げていては、本当の幸せをつかむことはできません。

４　宗教によらなくても、自分で幸福だと思えばよいのではないか

一般に、どのような境遇《きょうぐう》にあっても、人間の幸・不幸は所詮《しょせん》その人の心のもち方・考え方によって決定されるのだから、宗教に頼《たよ》るよりも、心に〝自分は幸せだ〟と思うことが大切である、という考え方があります。

このような考え方は、一見《いっけん》もっとものようですが、現実的《げんじつてき》には人間本来《ほんらい》の「心」を知らない理想論《りそうろん》であり、これを実行するとなると危険《きけん》がともないます。なぜかといいますと、私たちの心はときに触《ふ》れ、折りに触れて、あるときは喜び、あるときは悲しみ、怒《いか》り、そして安らぐというように様々に変化《へんか》します。その変化は心だけでなく、顔つきや態度《たいど》にもあらわれます。なぜ私たちの心が様々に変化するのかと

いいますと、周囲の環境《かんきょう》世界（これを縁《えん》といいます）に触れることによって、私たちの生命《せいめい》（身心両面《りょうめん》にわたる人間全体の働き）に、本来潜在的《せんざい》に具《そな》えている十《じっ》界三千《かいさんぜん》といわれる様々な働きの一部分が瞬間《しゅんかん》瞬間に反応《はんのう》するからなのです。

私たちの内《うち》なる心と外界《がいかい》を結《むす》ぶ窓口が眼耳鼻舌身《げんにびぜっしん》の五根《ごこん》です。外界の色彩《しきさい》や物質《ぶっしつ》は眼をとおして心に伝《つた》えられます。音は耳により、香《かお》りは鼻、味は舌、冷暖《れいだん》・柔《じゅう》剛《ごう》などは身体の皮膚感覚《ひふかんかく》によって心に伝達《でんたつ》されます。これらの情報《じょうほう》を受けた心（意根《いこん》）は、これを識別《しきべつ》して好悪《こうお》・喜怒《きど》などの反応《はんのう》を生ずるわけです。

人間は自分の心にかなったり満足したときに幸福を感じますし、反対にきらいなことが続いたり、不快なことが直接我が身にふりかかったときに不幸を感じます。これは人間として本能的《ほんのうてき》なものであり、極めて当然のことです。

それを「どのような場合でも幸福を感じ続けよ」と心に強制《きょうせい》することは、あたかも身に危険を感じても安全だと思えということと同じであり、黒いものを見て白いと思えということと同じです。このようなことは現実に、正常な人ができるわけがありません。「心」は目に見えませんが、肉体と同様《どうよう》に疲労《ひろう》や倦怠《けんたい》もあれば許容《きょよう》の限界《げんかい》もあるのです。もし身体を鍛《きた》えていない病人に、いきなり何十キロもある荷物を背負《せお》わせたとしたらどうでしょう。おそらく立つことはおろか、大けがをしてしまうでしょう。同じように心の鍛錬《たんれん》・修行を積《つ》んでいない人に対して、「どのような境遇《きょうぐう》にあっても、いかなる縁《えん》に接《せっ》しても、自分は幸福だと思わなければいけない」と強要することは、極度《きょくど》の心理的重圧《じゅうあつ》を加《くわ》えることになり、かえって不幸な結果を招くことにもなりかねません。

このような、人間生命の本質を知らない誤った幸福観は、一個人の主義・主張にとどまらず宗教の教義のなかにも見られます。その一例を挙《あ》げますと、〝心によって病気が起こるのだから、治《なお》ったと思えば病気は治る〟と説く「生長《せいちょう》の家《いえ》」や、〝汝《なんじ》の敵《てき》を愛せよ〟などと矛盾《むじゅん》した美辞麗句《びじれいく》を並べる「キリスト教」があります。

これらは、宗教本来の利益《りやく》によって現実に救済する力もなく、衆生《しゅじょう》を加護《かご》する力もなく、単《たん》に衆生に対して〝思い込み〟を押《お》しつけているだけの宗教といわざるをえません。

これに対して真実の宗教とは、宇宙法界《ほうかい》の現象と真理《しんり》のすべてを達観《たっかん》した本仏によって説き示《しめ》された教えであり、広大な功徳力《くどくりき》を具《そな》えた本尊を信じ、修行を積むことによって、清浄にして不動《ふどう》の心（法身《ほっしん》）を発揮《はっき》し、深い智慧《ちえ》と慈愛《じあい》に満ちた人間性（般若《はんにゃ》）を開発《かいはつ》し、人生を自由自在に遊楽《ゆうらく》（解脱《げだつ》）させる働きがあるのです。このことを日蓮大聖人は、

「法華経を信じ、南無妙法蓮華経と唱ふる人は、煩悩《ぼんのう》・業《ごう》・苦《く》の三道《さんどう》、法身・般若・解脱《げだつ》の三徳《さんとく》と転じ云云」（当体義抄・御書六九四㌻）

と仰《おお》せられています。

真実の幸福とは、観念的な〝思い込み〟や〝一人よがり〟ではなく、正しい本尊によっ

て自己《じこ》の内面から健全《けんぜん》な生命を涌現《ゆげん》させ、修行によって深い智慧《ちえ》と苦難を克服《こくふく》する心を養《やしな》い、仏力・法力によって守護される安心立命の境界《きょうがい》をいうのです。

何物にも崩《くず》れない絶対的幸福、それは正しい宗教によって初めて得《え》られることをよくよく知るべきです。

5　信仰は意志の弱い人間のすることだ

意志の強い人とは、一つの目的に向かって、種々の障害《しょうがい》があろうとも、それを乗り越えていく努力ができる人のことをいい、目的に向かうことは同じでも、途《と》中《ちゅう》で挫折《ざせつ》してしまったり、また一つのことに長続《ながつづ》きしない、移《うつ》り気な人が意志の弱い人といえると思います。

しかし、目的の違いや環境《かんきょう》の違いによって難易《なんい》の度合《どあ》いも異なりますから、いちがいに、あの人は意志の強い人、弱い人と決めつけるわけにはいきません。

また、意志が強いと思っている人であっても、人の心というものは常に変化していくものです。周囲の環境の変化によって変わっていくのが、人間の心なのです。

したがって、その変わりやすい自分の心を中心として、その心の変化のままに思い思いに行動していくならば、それは、ちょうど羅針盤《らしんばん》のない船のように、どこへ行きつくのか見当《けんとう》もつきません。常《つね》に右往左往《うおうさおう》していなければなりません。

日蓮大聖人は、

「心の師《し》とはなるとも心を師とせざれ」（曽谷入道殿御返事・御書七九四㌻）

と、自分の心をすべての依《よ》りどころの基盤《きばん》とするのではなく、正しい教法を心の師として、弱い自分に打ち勝つべきであると教えています。

なかには、何事《なにごと》に対しても消極的で、常《つね》に何かに頼《たよ》っていこうとする人がたまま宗教に救いを求める姿をとらえて、「信仰は意志の弱い人間のすることだ」という人もいるようです。

しかし、たとえ意志が弱いといわれるような人であっても、真実の宗教である大聖人の教えによって種々の困難《こんなん》を克服《こくふく》していくならば、これほどすばらしい人間改《かい》革《かく》の道はありません。

事実、意志の弱さや、病魔《びょうま》や、様々な宿業《しゅくごう》による困難を、妙法の信仰によって乗り越えた体験をもった人たちが、現在、社会のあらゆる分野で活躍《かつやく》し、大聖人の仏法によって、大きくその境界《きょうがい》を開いています。

このような現実社会のなかで人材として蘇生《そせい》していく姿こそ偉大《いだい》な仏法の力を証明《しょうめい》するものであり、信仰は意志の弱い人間がすることだと決めつけるのは、とんでもない誤《あやま》りです。

6　信仰を求めるのは病人や貧乏人ばかりではないか

仏法は、人間が本質的《ほんしつてき》に直面《ちょくめん》しなければならない苦悩《くのう》を解決するために説き明かされたものですから、苦しみ悩む人が救いを求めて信仰に入《はい》ることは当然《とうぜん》のことです。

信仰を求める動機《どうき》は、主として直接的に日常生活の支障《ししょう》となる病気や経済苦が挙《あ》げられますが、そのほかに最近では子供の教育問題や職場の人間関係、家庭不和、将来への不安なども多くなっています。

人間はだれでも、苦しみや困難にあったとき、初めてその原因を考え、よりよい解決方法と再《ふた》び失敗しない方法について、思いをめぐらすのではないでしょうか。

事実、自分はこれでよしと思って進んできたが、その結果が思わしくなく、様々な問題が起きて身動きができなくなって、初めて我が身をふり返り、自己の信念や努力だけでなく、人生の土台《どだい》として正しい信仰が必要であったことに気づいたという人も多いのです。

また、日蓮大聖人は、

「病《やまい》によりて道心《どうしん》はおこり候か」（妙心尼御前御返事・御書九〇〇ジペー）

と仰《おお》せられ、病苦《びょうく》が信仰心を起こす原因になるとも説かれています。

しかし、入信の動機がどうであれ、それによって正しい教えにめぐり合い、正《しょう》境《きょう》（正しい本尊）に縁《えん》することに重大な意義があるのです。

妙楽大師は、

「縦使《たとい》、発心《ほっしん》真実ならざる者も、正境《しょうきょう》に縁すれば功徳《くどく》猶《なお》多し」

（止観会本上一七五ジペー）

と、発心の動機がどうであっても、正境に縁したならば大きな功徳を得《う》ることができると説いています。

入信するときの一面だけを見て、やれ病人だ、貧乏人ばかりだ、と非難《ひなん》することは、仏法の功徳力《くどくりき》を知らない者の愚《おろ》かな行為《こうい》といわざるをえません。

大切なことは、いかに多くの人が正しい仏法によって病苦や経済苦を克服《こくふく》し、力強い人生を築いているかという現実を知ることであり、いかなる境遇《きょうぐう》の人も必ず幸せになっていく日蓮大聖人の仏法が存在していることを知るべきです。

大聖人は、

「あひかまへて御信心を出《い》だし此の御本尊に祈念《きねん》せしめ給へ。何事か成就《じょうじゅ》せざるべき」（経王殿御返事・御書六八五ページ）

と仰せられています。

さらに法華経には、

「無上《むじょう》の宝聚《ほうじゅ》　求《もと》めざるに自《おのずか》ら得《え》たり」（信解品第四・法華経一九九ジペー）

と説かれています。これは無上の宝である成仏の境界《きょうがい》は自ら意識して求めずとも、正境に縁し修行することによって自然に得られるというのです。また伝教大師は、正法を信じ行ずる道心こそ真実の国の宝であると讃《たた》えています。

この道心の動機が病気であっても、経済苦であっても、なんら恥《は》ずべきことではありません。むしろ自他ともに幸福を得るための大切な入り口となるのです。

７　信仰は本人の自由意志によるべきで、他人に強要《きょうよう》することはよくない

たしかに信仰は他人に強要すべきものではありません。また、他人に強要されてできるものでもありません。

日蓮正宗でいうところの折伏《しゃくぶく》とは、人に信仰を強要することではなく、日蓮大聖人の教えの尊《とうと》さと、自《みずか》ら体得《たいとく》した信心の感動を、一人でも多くの人に語り伝え、喜びを分《わ》かち与えたいと思う慈悲心《じひしん》の発露《はつろ》なのです。

たとえば、病気の子供が苦《にが》いからといって薬を飲まないとき、親はそのままにしておくでしょうか。無理をしてでもその子に薬を飲ませるのではないでしょうか。

折伏とは、まさにこれと同じです。なぜなら、日蓮大聖人の仏法は大良薬にたと

えられ、人間が生きていくための真理が説かれているからです。

真実の仏法を知らない人は人生の真の目的を知ることもなく、正法の功徳を受けることもできず、無味乾燥《むみかんそう》の一生を虚《むな》しく送ることになります。

そのようなことのないよう、真実の仏法を一人でも多くの人に伝えたいと思う慈悲の心が、折伏という行動としてあらわれてくるのです。

また、親なればこそ、我が子にやっていいことと、やってはいけないことを厳《きび》しくしつけるように、折伏は正邪のけじめを正しい仏の教導《きょうどう》に従って諭《さと》し示すことでもあります。

ですから、折伏は人に信仰を強要することではなく、人生の真理を伝え、喜びを共《とも》に分かち合いたいという大きな慈悲行《じひぎょう》なのです。

8　自分は忙《いそが》しくて時間がないので信仰ができない

現代はたしかに忙しい時代です。今や国民のすべてが時間との闘《たたか》いに明け暮《く》れているといっても過言《かごん》ではありません。

駅の売店で牛乳とパンを流し込んで会社に急《いそ》ぐサラリーマンや、何秒と違《ちが》わない先を急ぎ、無理な追い越しのために死亡事故を引き起こしている車社会の様相《ようそう》などは、まさに時間地獄《じごく》とでもいいたいほどです。

また、家事・育児《いくじ》のほかにパートで働く主婦、学校が終わるや学習塾《じゅく》に走る子供たち、定年後も生活のために働く老人など、あらゆる人々が働きバチのように目まぐるしく、時間に追われるように生活しているのが現実です。

これは、だれもが現代社会のなかでよりよい生活を求め、社会のスピードに遅《おく》れまいとする心の表われといえましょう。

しかし、どんなに忙しい人でも、まったく睡眠《すいみん》をとらないわけではないでしょうし、食事の時間や新聞を読む時間ぐらいはあるはずです。

たいていの人は「忙しい、忙しい」といいながら、友だちとのおしゃべりや晩酌《ばんしゃく》、テレビなどで一時間や二時間を費《つい》やしているのではないでしょうか。

これは本当に時間がないのではなく、心にゆとりがないということであり、忙しいと感ずるかどうかは、その人の身体《からだ》と心の許容量《きょようりょう》の問題であるといえましょう。

ですから「時間はできるものではない。時間は自《みずか》ら作るものだ」という言葉も、自分自身の心にゆとりを持つことを教えているのです。

もし、身心の許容量が小さく、通常の生活で精《せい》いっぱいの人や、仕事と家庭以外には手が回《まわ》らないという人がいたならば、このような人こそ仏法によって色心《しきしん》（肉体と精神）両面を錬磨《れんま》し、力強い生命力と豊かな人間性を取り戻《もど》す必要があります。

また、もし本当に寝る時間もないほど忙しい人がいるならば、その人は自分の苦労や努力が、はたして正しい方向に進んでいるのかどうかを考えるべきです。せっかく身《み》を粉《こ》にして努力しているのに、正しい人生設計も明確な目的ももたないならば、「骨折《ほねお》り損《ぞん》のくたびれ儲《もう》け」になってしまいます。

人間としてもっとも大切な大目的を教え、人生のもっとも正しいあり方・考え方を説き示したものが仏法です。この仏法を信じ行ずることによって自分の生命のなかに英知《えいち》と力が具《そな》わってくるのです。

たとえていえば、間違《まちが》いのない標識《ひょうしき》と、どんな悪路《あくろ》や坂道でも乗り越える車があって、初めて目的地に到達《とうたつ》するように、正しい教えと正しい信仰によって、人生の苦労や努力が実《みの》るのです。

ですから、忙しい人ほど人生の根本の指針《ししん》として正しい信仰が必要であることを知るべきです。

9　信仰は老人がするものではないのか

「信仰は年寄《としょ》りがしていればよい」という意見には、信仰に対する無理解《むりかい》と老人に対する偏見《へんけん》が潜《ひそ》んでいるように思われます。

正しい信仰が人生にもたらす作用は様々なものがあります。そのなかの主なものを挙《あ》げてみますと、

①　正しい教えを信ずることによって、考え方や人生観が広く正しいものになる

②　日々の信仰修行によって身心ともに健全《けんぜん》な人間として鍛錬《たんれん》される

③　精進心《しょうじんしん》、すなわちこつこつとたゆまぬ努力を積《つ》み重《かさ》ねる心が培《つちか》われる

④　敬虔《けいけん》な心・感謝の心・思いやりの心が養《やしな》われる

⑤　日常生活が信仰の功徳力《くどくりき》によって仏天《ぶってん》に加護《かご》される

などがあります。

このように人生に大きな意義を持つ信仰が、若い人と無縁《むえん》であるというのは、まったく的外《まとはず》れな暴論《ぼうろん》というべきです。

むしろ、「鉄は熱《あつ》いうちに鍛《きた》えよ」という言葉どおりに、人生の基礎《きそ》となり土台《どだい》を造る若いときにこそ、正しい宗教を信仰し修錬《しゅうれん》を積むべきなのです。

ビルを建てる場合でも地中《ちちゅう》深く打ち込まれた盤石《ばんじゃく》な基礎があれば、その上に立派《りっぱ》な高層建築物を建てても微動《びどう》だにしません。これと同じように、若い時に目先の欲得《よくとく》や表面的な楽しみに流されることなく、信仰を根本とするしっかりした人生観と人間性を養うことが将来の大きな力になるのです。

また本人がいかにまじめな努力家でも、いつ不慮《ふりょ》の災難《さいなん》に巻き込まれるかわかりません。一瞬の事故によって一生を台《だい》なしにするような事件がいたるところで起きていることを考えると、やはり仏天の大きな力によって日々《ひび》守られることも、若い人が充実した生活を築くための大切な要件《ようけん》といえましょう。

たしかに低級な思想や迷信《めいしん》に走る宗教、あるいは形骸化《けいがいか》した既成《きせい》宗教の姿に対して、若い人だけでなくすべての人々が失望し、むしろそれらを忌避《きひ》しているというのが現実です。

しかし真実の生きた宗教は、老若男女《ろうにゃくなんにょ》、人種などの差別なく、すべての人に生きる力を与え、何ものにも崩《くず》れない安穏《あんのん》にして自由な境界《きょうがい》を確立させるところに、その目的があるのです。

また、道を志《こころざ》すことに早いということはありません。青年・壮年《そうねん》・熟年《じゅくねん》を問《と》わず、正法に帰依《きえ》することは幸福の絶対条件ですが、健全な苗木《なえぎ》が大木《たいぼく》・名木《めいぼく》に成長していくように、伸びゆく青年時代に信仰に励むならば、それだけ人生の大きな力となり、強固《きょうこ》な礎《いしずえ》となるのです。

現在、日蓮正宗には多くの青年が自己《じこ》の確立と社会平和のために、情熱をもって信心修行に励んでいます。

10　信仰をしていても悪い人がいるのではないか

信仰をしていない人は、よく「信仰をしていても、こんなに悪い人がいるから信仰する気にならない」といいます。

「悪い人」といっても、悪い考えに染《そ》まった人、悪い癖《くせ》をもった人、自分で気づかずに悪業を犯《おか》す人など様々です。

釈尊は、現代の世相を「五濁悪世《ごじょくあくせ》」と予言《よげん》しました。五濁とは①劫濁《こうじょく》（社会・環境に悪い現象が起きる）、②煩悩濁《ぼんのうじょく》（瞋《いか》りや貪《むさぼ》りなどの悪心にとらわれた本能的な迷《まよ》い）、③衆生濁《しゅじょうじょく》（人間そのものの濁《にご》り）、④見濁《けんじょく》（思想や考えの乱《みだ》れ）、⑤命濁《みょうじょく》（生命自体の濁《にご》り、人命軽視《けいし》など）をいいます。

たしかに現代社会は科学技術の発展とは逆に、人間性は歪曲《わいきょく》され、貧困《ひんこん》になっていますし、社会全体の混迷《こんめい》と汚染《おせん》はますます深刻《しんこく》になっています。まさしく釈尊の予言どおりの世相になっています。

社会も時代も、そして個々の人間まで汚染されつつある現代は、悪で充満しているといっても過言《かごん》ではありません。そのようななかで、健全な人生を築くために発《ほっ》心《しん》して信仰の道に入っても、初めのうちは過去からの宿習《しゅくじゅう》や因縁《いんねん》によって、また縁に触れて悪心を起こしたり、他人に迷惑をかける人もいるかもしれません。

また世間で罪《つみ》を犯《おか》した人が、最後の更生《こうせい》のよりどころとして信仰を持ち、努力することも宗教の世界であれば当然あります。

このような場合でも、正しい宗教によって信仰を実践《じっせん》していくうちに、悪い性《さが》を断《た》ち切り、煩悩を浄化《じょうか》し、六根清浄《ろっこんしょうじょう》になっていくのです。日蓮大聖人は信心の功徳《くどく》について、

「功徳とは六根清浄《しょうじょう》の果報《かほう》なり。所詮今《しょせんいま》日蓮等の類《たぐい》南無妙法蓮華経と唱へ奉る者は六根清浄なり」（御義口伝・御書一七七五ジペー）

と仰《おお》せです。すなわち正しい教えである南無妙法蓮華経を信じ唱える者は、必ず六根（眼《げん》・耳《に》・鼻《び》・舌《ぜっ》・身《しん》・意《い》）のすべてが清浄な働きになると教えているのです。

信仰の正当性を知るために大切なことは、それを信ずる人の姿を見て判断するのではなく、信仰の対象《たいしょう》である本尊や教義の正邪をもってその価値《かち》を決しなければならないのです。釈尊は、

「法に依《よ》って人に依らざれ、義《ぎ》に依って語《ご》に依らざれ」（涅槃経）

と説いています。

信仰をしている人を、部分的な表面や風評《ふうひょう》をもって批判することはだれにでもできるでしょう。しかし批判者《ひはんしゃ》にはそれ以上に得《う》るものは何もないのです。むしろ、正法の信者を誹謗《ひぼう》するという大きな罪を作っているかもしれません。

一方、正しい信仰を根本として、過去の悪業や弱い自分と闘《たたか》いながら仏道に精進《しょうじん》している人は、当初《とうしょ》は恥《は》ずかしい思いをするかもしれませんが、将来必ず目標に到達し、真実の幸福境界を築き、周囲の信頼《しんらい》と尊敬を集めることができるのです。

もし万が一にも、正しい信仰を持ちながら平気で悪事をなすならば、その人は仏法に疵《きず》をつける罪によって仏罰《ぶつばち》を受けるでしょう。しかしそれもまた、その人を善《ぜん》導《どう》するための仏の慈悲《じひ》の顕《あらわ》れであり、いかなる人も必ず正しい人生を歩《あゆ》むようになるのです。

11 宗教は狂信《きょうしん》・盲信《もうしん》のすすめではないか

ここでいう「狂信」とは、理性《りせい》を失い我《われ》を忘れて狂ったように信ずることであり、「盲信」とは、一つの信仰に埋没《まいぼつ》し、わけもわからず、むやみに信ずることです。

この狂信・盲信について三つの点から考えてみましょう。

まず初めに数多い宗教、信仰のなかには明らかに教義として狂信・盲信をすすめているものがあります。たとえば霊媒信仰《れいばいしんこう》や修験道《しゅげんどう》、あるいは踊《おど》る宗教などは忘我《ぼうが》の境地《きょうち》に至《いた》ることが救いであり、理想であると説いています。また、キリスト教やイスラム教のなかには自宗に執着《しゅうちゃく》するあまり、教義の正邪ではなく、暴力やテロに訴《うった》える場合もあり、これも狂信の一つといえましょう。

さらに念仏宗《ねんぶつしゅう》などは「他の経典はすべて捨《す》てよ、閉《と》じよ、閣《さしお》け、抛《なげう》て」と、他の経典を読むことを禁じ、禅宗なども不立文字《ふりゅうもんじ》・只管打坐《しかんたざ》と称《しょう》して文字による教義理解を否定し、他宗の善悪《ぜんあく》を知ることさえ、きらいます。

また、密教《みっきょう》やキリスト教のなかには、社会との交渉《こうしょう》を断《た》って、山奥《やまおく》や閉鎖《へいさ》集団のなかで生きることを至上《しじょう》の目的とするものもあります。

このように、他の宗派や社会と隔絶《かくぜつ》することを説く宗教を信ずるならば、他の宗教と比較することもできず、独善《どくぜん》的な信仰となります。

日蓮大聖人は、

「迷妄《めいもう》の法に著《ちゃく》するが故に本心を失ふなり」（御講聞書・御書一八五八ジペー）

と説かれ、誤った教えによって本心たる理性が失《うしな》われ、狂信になると教えています。

また、

「若《も》し先《ま》づ国土を安《やす》んじて現当《げんとう》を祈らんと欲《ほっ》せば、速《すみ》やかに情慮《じょうりょ》を廻《めぐ》らし怱《いそ》い

で対治《たいじ》を加へよ」（立正安国論・御書二四八ページ）

と仰《おお》せられ、社会の平和を実現させるためには、正法と邪法とをよくよく糾明《きゅうめい》して対応救治《たいおうきゅうじ》しなければならないと説かれています。

第二に、信仰修行の上での狂信・盲信についていえば、日蓮正宗の信仰修行は理性を失《うしな》う狂信でもなく、わけもなく信ずる盲信でもありません。

大聖人は、

「行学の二道をはげみ候べし。行学たへ《絶》なば仏法はあるべからず」（諸法実相抄・御書六六八ページ）

と、修行とともに教学、すなわち教義の研鑽《けんさん》が大切であると説かれています。

また、

「酔《すい》とは不信なり、覚《かく》とは信なり。今《いま》日蓮等の類《たぐい》南無妙法蓮華経と唱へ奉る時無《む》明《みょう》の酒醒《さ》めたり」（御義口伝・御書一七四七ページ）

と仰せられ、真実の正法を信じ唱題するとき、無明《むみょう》という迷いの霧《きり》が晴れて真理に目覚《めざ》めるのであると教示されています。

第三に、現実の例証《れいしょう》をもっていえば、大聖人は、

「仏法を習ふ身には、必ず四恩《しおん》を報ずべきに候《そうろう》か」（四恩抄・御書二六七㌻）

と、信仰者《しんこうしゃ》は人間の道として父母・衆生《しゅじょう》・国王、そして三宝《さんぼう》の四つの大恩を常に感じ、報《むく》いるように教えられています。また、職場《しょくば》での心得《こころえ》として、

「御みやづかい《仕官》を法華経とをぼしめせ」（檀越某御返事・御書一二二〇㌻）

と諭《さと》されています。このように常識をもち、社会人としての勤《つと》めに励《はげ》むことが信仰《しんこう》者《しゃ》の道であると教えています。

日蓮大聖人の願いとするところは、正しい仏法によって個人も社会もともに健全に発展し幸福境界を築くことであり、日蓮正宗を信仰する者は邪法に迷う人々を目覚めさせるために正邪を説き、自《みずか》らの姿をもって信仰の尊さを示しているのです。

しかも正法を信ずるならば仏力《ぶつりき》・法力《ほうりき》によって、おのずと円満な人格と福徳《ふくとく》が具《そな》わり、社会人としても多くの人々の信頼と尊敬を受けていることはまぎれもない事実なのです。

もしあなたが、信仰者の真剣な礼拝《らいはい》唱題の姿をとらえて、それを狂信だ、盲信だと非難《ひなん》するならば、それは妄断《もうだん》であり誤《あやま》りです。なぜならばそれはあたかも、職人《しょくにん》が一心不乱《いっしんふらん》に仕事に打ち込み、運動会で子供が一所懸命《いっしょけんめい》に走っているところだけをとらえて「狂っている」と、はやしたてているようなものだからです。

12 現在は信仰するほどの悩《なや》みはない、今の生活で満足だ

「信仰するほどの悩みはない」という言葉は、いい換《か》えると「悩みのない人は信仰の必要がない」ということであり、信仰を正しく理解していないようです。

仏様がこの世に出られた目的は、仏知見《ぶっちけん》すなわちいかなるものにも壊《こわ》れることのない清浄で自在《じざい》の境地《きょうち》と、深く正しい智慧《ちえ》を、衆生《しゅじょう》に対して開き、示し、悟《さと》り、入《い》らしめるためであると法華経に説かれています。

そして法華経宝塔品《ほうとうほん》には、

「此《こ》の経《きょう》を読《よ》み持《たも》たんは　是《こ》れ真《しん》の仏子《ぶっし》　淳善《じゅんぜん》の地に住《じゅう》するなり」

（法華経三五五ページ）

と説かれ、正しい仏法に帰依《きえ》する者は真実の仏の子であり、清浄で安穏《あんのん》な境地に住することができると教えています。

日蓮大聖人も、

「法華経は現世安穏《げんぜあんのん》・後生善処《ごしょうぜんしょ》の御経なり」（弥源太殿御返事・御書七二三ページ）

と仰《おお》せられているように、安穏な境地とは現在ばかりでなく、未来にわたるものでなければなりません。楽しいはずの家族旅行が事故に遭って一瞬にして悲惨な状態になったり、順調《じゅんちょう》に出世コースを歩んでいた人が一時の迷《まよ》いから人生の破滅《はめつ》を招《まね》いたりすることはしばしば耳にすることです。今が幸せだからそれでよいという人は、よほど自分だけの世界に閉《と》じ込《こ》もっているか、直面している問題や障壁《しょうへき》を認《にん》識《しき》できない人といわざるをえません。

私たちの周囲を見ても、世界では毎年《まいとし》何百万人もの戦争による被害者が出ており、私たちが戦乱の渦中《かちゅう》に巻き込まれないという保障《ほしょう》はどこにもありません。また、家族や親戚《しんせき》にかかわる悩みはまったくないのでしょうか。子供の教育問題や親または自分の老後の問題などを考えても、「今の生活で満足だ」とのんびりしているわけにはいかないと思います。

大聖人は、

「賢人《けんじん》は安《やす》きに居《い》て危《あや》ふきを欲《おも》ひ、佞人《ねいじん》は危ふきに居て安きを欲ふ」

（富木殿御書・御書一一六八ジペー）

と仰せられ、賢人は安穏なときでも常に危機を想定して心を砕《くだ》いているが、考えが浅く、へつらうことばかりを考えている人は、危険な状態になっても安逸《あんいつ》をむさぼろうとするだけであると説かれています。

今が幸せだということは、たとえていえば平坦《へいたん》な舗装《ほそう》道路をなんの苦労もなく歩いているようなものです。しかし長い人生には険《けわ》しい登り坂もあれば泥沼《どろぬま》の道もあります。そのときにはより強い体力と精神力、そして適正《てきせい》な智慧《ちえ》がなければなりません。難所《なんしょ》にきてから「自分は平坦な道しか歩いたことがない」という人はむしろ不幸な人というべきです。どんな険難悪路《けんなんあくろ》に遭遇《そうぐう》しても、それを楽しみながら悠々《ゆうゆう》と乗り越えていく力を持つ人こそ真に幸せな人というべきでしょう。

強い生命力と深く正しい智慧は、真実の仏法に帰依して信心修行を積《つ》まなければけっして開発されるものではありません。

どうか目先の世界や自己満足に閉じ込もることなく、一日も早く正しい仏法を信仰し、真に賢《かしこ》い人間となり、幸福な人生を築いてください。

13　利益《りやく》や罰《ばち》はその人の心の持ち方によるのであって、客観的にあるものではない

人間の幸福と不幸を、線を引いて区分《くぶん》することはできません。まったく同じ条件のなかにあって、自分は不幸だと思う人もいれば、別の人は自分は幸福だと思う場合があるからです。一つの結果を利益と見るか、罰と見るかはその人の心や考え方によって決定されるといっても間違いではありません。

「心頭《しんとう》を滅却《めっきゃく》すれば火もまた涼《すず》し」という言葉がありますが、どこまで心頭を滅却（無念無想《むねんむそう》の境地）できるか、どの程度の火熱《かねつ》を涼しく感ずるかという限界点は個人差がありましょう。しかし普通の人で、真っ赤に焼けた鉄に触れても何も感じない人はいません。また食事をとらないで一日二日は我慢《がまん》できても、十日も二十

日も絶食して平常と変わらない人はいません。どんな人でも身体に激痛《げきつう》を感ずれば心も落《お》ち着《つ》かなくなるのは当然です。

これらの事実から見ても、現実の結果や物事《ものごと》の評価《ひょうか》は人間の心によって決定されるものですが、心はまた現実の物質世界に支《ささ》えられていることがわかるでしょう。

これらの原理を仏法では「色心不二《しきしんふに》」といって物質や肉体（色）と精神（心）は互いに離《はな》れることなく一体であると説いています。

この色心不二の生命に根本的な影響を与えるものが宗教です。

日蓮大聖人の教えによりますと、妙法を信受《しんじゅ》する者について、

「身は是《これ》安全にして、心は是禅定《ぜんじょう》ならん」（立正安国論・御書二五〇ジペー）

と仰《おお》せられ、心に禅定を得《う》るばかりでなく、身体も安穏《あんのん》になると説かれています。

また、正法に背《そむ》く者について、経文を引用して、

「人《ひと》仏教を壊《やぶ》らば復孝子《またこうし》無く、六親不和《ろくしんふわ》にして天神も祐《たす》けず、疾疫悪鬼《しつえきあっき》日《ひび》に来《き》た

りて侵害《しんがい》し、災怪首尾《さいけしゅび》し、連禍縦横《れんかじゅうおう》し、死して地獄《じごく》・餓鬼《がき》・畜生《ちくしょう》に入らん。若《も》し出でて人《い》と為《な》らば兵奴《ひょうぬ》の果報《かほう》ならん」（立正安国論・御書二四九㌻）

と説かれています。この文の意味は、

〝正法を信ぜず、信仰を壊《やぶ》る者は福徳《ふくとく》が尽《つ》きて、孝養心のある子供に恵《めぐ》まれず、親子・兄弟・親戚《しんせき》が仲たがいをしていがみあう。天候不順で作物《さくもつ》も実らず、悪病が流行し、悪い思想もはやって生活をおびやかす。奇怪《きかい》な事件やわざわいが次々に起こり、死後は苦しみの地獄、飢渇《けかち》の餓鬼、互いに殺し合う畜生などの世界に落ちる。そののち、もし人間に再び生まれてくるならば兵隊として戦場にかり出されたり、奴隷《どれい》となって酷使《こくし》されるであろう〟

というのです。

これらの教えは因果《いんが》の道理、すなわち善因《ぜんいん》を積めば善果《ぜんか》を得《え》、悪因《あくいん》には悪果《あっか》が生じるという当然の姿を記《しる》したものであり、正法を信受《しんじゅ》する者には大利益《だいりやく》が、不信毀《ふしんき》謗《ぼう》の者には厳然《げんぜん》とした罰《ばち》が、身心両面に現れることを説いているのです。

真実の幸福と安穏な境界は、凡俗《ぼんぞく》の私たちが心でどのように受けとめるか、あるいは一時的な感情でどのように考えるか、というところにあるのではなく、正しい仏法をいかに余念《よねん》なく信受し、行じうるかにかかっていることを知るべきでしょう。

14 信仰をしなくても立派《りっぱ》な人がいるのではないか

まず「立派な人」とはどういう人を指《さ》すのでしょうか。

一般に「立派な人」という場合は、社会的に指導的地位にある人、名誉《めいよ》のある人、財《ざい》をなした人、学識《がくしき》豊かな人、福祉《ふくし》活動や救済事業に貢献《こうけん》する人、社会的な悪と闘《たたか》う人などが挙《あ》げられます。

さらに広くいえば、名誉や地位はなくても毎日を正直にまじめに努力しながら過ごしている人々も〝立派な人〟といえるのではないでしょうか。

こうして見ると、〝立派な人〟といっても一定の規準《きじゅん》があるわけではなく、他人を評価《ひょうか》するときに主観的見地《けんち》から用いる漠然《ばくぜん》とした言葉に過ぎないことがわかるでしょう。

では信仰は立派な人間になるためにするのでしょうか。それとも立派な人間になることとは違うところに目的があるのでしょうか。

結論からいえば、正しい信仰とは、成仏という人間にとって最高究極《きゅうきょく》の境界《きょうがい》に到達《とうたつ》することを大目的として修行精進《しょうじん》することであり、その仏道を修行することによって、一人ひとりが人間性を開発し、錬磨《れんま》し、身に福徳を具《そな》えていきますので、その過程《かてい》のなかでおのずと〝立派な人間〟が培《つちか》われていくのです。日蓮大聖人は、

「されば持《たも》たるゝ法だに第一ならば、持つ人随《したが》って第一なるべし」

（持妙法華問答抄・御書二九八ﾍﾟｰｼﾞ）

と仰《おお》せられ、信ずる法が正しいゆえに人も立派になるのであると説かれています。

ですから正しい信仰を持たずに、単《たん》に眼前の名誉や地位、あるいは財産、学歴などをもって、それで仏の御意にかなう人生になるわけではありませんし、そのよう

な表面的な要件が具わっているからといっても真実の絶対的幸福が得られるわけではありません。

大聖人は、賢人《けんじん》について、

「賢人は八風《はっぷう》と申して八つのかぜ《風》にをかされぬを賢人と申すなり。利《うるおい》・衰《おとろえ》・毀《やぶれ》・誉《ほまれ》・称《たたえ》・譏《そしり》・苦《くるしみ》・楽《たのしみ》なり」（四条金吾殿御返事・御書一一一七ページ）

と仰せです。財産（利）や名誉（誉）、地位（称）、悦楽《えつらく》（楽）などによって喜んだり、落胆《らくたん》したりすることは世の常ですが、これらは世間の一時的な八風であって、この八風に侵《おか》されない賢人になるためには、より高い理想と教え、すなわち身心に強い信仰を体《たい》して仏道精進を志《こころざ》す以外にないと教えられています。

この八風に侵されない賢人こそ〝立派な人〟というべきではないでしょうか。そのためには生命の奥底から浄化し活力を与える正しい仏法を持《たも》つべきなのです。

大聖人は、

「地獄に堕《お》ちて炎《ほのお》にむせぶ時は、願はくは今度人間に生まれて諸事を閣《さしお》いて三《さん》宝《ぼう》を供養し、後世菩提《ごせぼだい》をたす《助》からんと願へども、たまたま人間に来たる時は、名聞名利《みょうもんみょうり》の風はげしく、仏道修行の灯《ともしび》は消えやすし」

（新池御書・御書一四五七㌻）

と戒《いまし》められています。

15　信仰はなぜ必要なのか

一般に信仰とは、お年寄りが一種の精神修養《しゅうよう》や先祖を敬《うやま》いつつ、なごやかな楽しみの場を持つために、お寺へ参詣《さんけい》し、ときには団体旅行をすることぐらいの認識《にんしき》しか持ち合わせていない人が多いようです。

あるいはまた困《こま》ったときに、神仏の加護《かご》を求めて参詣し、手を合わせ、願《がん》をかけ、守《まも》り札《ふだ》などを大事にすることが、信仰だと思っている人もあります。

しかし、正しい宗教を信仰する目的は、一人ひとりの人間の生命の救済、つまり、生《しょう》・老《ろう》・病《びょう》・死《し》の四苦《しく》や、経済的な苦しみや対人《たいじん》関係の悩みなどを含《ふく》む、人のいかなる苦悩にも打ち勝つ活力を与え、すべての人々に真実の幸福を築かせ、尊い人生を全《まっと》うするための生き方を教えるところにあります。

したがって、正しい宗教の持つ働きは、単《たん》なる精神修養や気休めではないのです。正しい信仰は、何よりも人間の全生命の問題と、その生き方、人の幸・不幸にかかわる、実に重大な意義と働きと大きな価値《かち》を持っているのだということを知ってください。

数《かず》ある宗教のなかにあって、一時の気休めや現実からの逃避《とうひ》ではなく、真に一切《いっさい》の人間の苦悩を喜びに変え、大難を乗り越えて、煩悩《ぼんのう》を菩提《ぼだい》へ、生死《しょうじ》を涅槃《ねはん》へ、娑《しゃ》婆《ば》の忍土《にんど》を寂光《じゃっこう》の楽土《らくど》へと転換《てんかん》させうる仏法こそ、日蓮大聖人の教えなのです。

では、正しい信仰に、どのような功徳が具《そな》わるかといいますと、

①　世界中の一切の人々を、真に幸せな即身成仏の境界《きょうがい》に導《みちび》くことができる

②　強盛《ごうじょう》な信仰をとおして、御本尊に託《たく》する願いや希望を成就《じょうじゅ》し、また、悩みや苦しみに打ち勝つ金剛心《こんごうしん》を育てることができる

③　御本尊に具わる題目の功徳によって、父母を救い、先祖代々の人々を成仏させ、また、未来の子孫《しそん》をも救済する福徳《ふくとく》を得《う》ることができるなどがあり、そのほかにも正しい信仰の功徳は数多くあります。

日蓮大聖人は、妙法を信受する功徳について、

「南無妙法蓮華経とだにも唱へ奉《たてまつ》らば滅《めっ》せぬ罪《つみ》や有るべき、来《き》たらぬ福《さいわい》や有るべき。真実なり甚深《じんじん》なり、是《これ》を信受《しんじゅ》すべし」（聖愚問答抄・御書四〇六㌻）

と教えられています。

第二節　他の信仰をしている人へ

1　神仏を礼拝《らいはい》することが尊いのであるから、何宗《なにしゅう》でもよいのではないか

宗教に限《かぎ》らず、人間にとって敬《うやま》い、信ずるということは大切なことです。日常生活においても信頼する心がなかったならば、食事もできませんし、乗《の》り物《もの》はおろか、道を歩くことも、家に住むことさえできないでしょう。

では反対になんでも無節操《むせっそう》に信ずればよいかというと、それもいけません。道に迷ったときは道をよく知っている人に尋《たず》ねれば、間違いなく目的地に着くことができます。私たちは目的地に正しく導《みちび》いてくれるものを信用したときには、所期《しょき》の目的が達成されるわけですし、反対にいつわりのものや目的と違ったものを信じたときには、思いどおりにならず、不満《ふまん》や不幸を感ずるのです。

質問のように、神仏を信ずる心が尊《とうと》い、神仏を礼拝《らいはい》する姿が美しい、だから何《なに》宗《しゅう》でもよいというのは、詐欺師《さぎし》の言葉でもそれを信ずることが尊く、ブレーキのこわれた車でも信じて乗ることがよいというのと同じです。

私たちの生命は周囲の環境に応じて、様々な働きをします。ちょうど透明《とうめい》な水の入ったコップが周囲の物や光によって色が変化するようなものです。「朱《しゅ》に交《まじ》われば赤くなる」という言葉も、周囲の縁《えん》によって感応《かんのう》する私たちの生命の働きを指したものでありましょう。信仰は〝信ずること〟であり、〝礼拝すること〟なのですから、単に交わるとか尊敬する状態よりさらに強い影響《えいきょう》を受け、それによってもたらされる結果や報《むく》いは、人生に大きな影響を与えることになります。

いいかえれば、信仰における礼拝は、その対象《たいしょう》たる本尊に衆生《しゅじょう》の生命が強く感《かん》化《か》されるのであり、人間の生命と生活の全体に、これほど強烈《きょうれつ》に働きかけ、影響を与えるものはないのです。ですからいかに信ずることが尊いといっても、人間に悪影響を与える低劣《ていれつ》な本尊や、誤った宗教を信ずるならば、その本尊や教えに感応《かんのう》して、次第にその人は濁《にご》った生命となり、不幸な人生を歩むことになるわけです。たとえば「御神体」と称《しょう》してキツネを拝《おが》んでいると、本尊のキツネの生命に、その人の畜生界《ちくしょうかい》の生命が感応して、その人の性格や行動、さらには相まで似《に》てきます。本来ならば過去と将来を考え、理性をもって生きるはずの人間が、畜生を拝むことによって計画性や道徳心が欠落《けつらく》し、人間失格の人生に変わっていくのです。もし架《か》空《くう》の本尊や架空の教義を信仰すれば、同じように人間も、人生も、生活も実《みの》りのない浮《う》き草のようなものになってしまいます。

せっかく信仰心に目覚《めざ》めたのですから、理論的にも正しく、経典によってその正しさが証明され、現実に人々を幸福に導く真実の本尊と真実の教えを説き明かす宗教に帰依《きえ》すべきでありましょう。

2　宗派は分かれているが、到達《とうたつ》する目的地は同じではないか

宗派は別でも宗教の目的は同じなのだから、どの宗派でもよいのだ、と主張する人のなかには、「分《わ》け登《のぼ》る　麓《ふもと》の道は多けれど　同じ雲井《くもい》の月をこそ見れ」という歌を引き合いに出す人があります。しかし、これはあくまでも一つの古歌《こか》であって、実際は同じ麓の道でも、一つは他の嶺《みね》に至るもの、別な道は山ではなく池に至る道かもしれません。なかには命を落とすような危険な谷に通じている道であるかもしれません。ですから歌やことわざにあるからといって、それを証拠《しょうこ》に宗教を論ずることはできません。

今、各《かく》宗派の教義を見ると、教主も本尊も修行も経典も、それぞれまったく異《こと》なっ

ています。

キリスト教はイエス・キリストによって神（ゴッド）が説かれ、バイブルを教典としておりますし、イスラム教はマホメットによってアラーの神への帰依《きえ》が説かれ、コーランを所依《しょえ》の教典としています。儒教《じゅきょう》は孔子《こうし》によって道徳が説かれており、仏教は釈尊によって三世《さんぜ》の因果律《いんがりつ》という正当な原理を根本として、人間の生命とその救済《きゅうさい》が説かれたものです。しかも同じ仏教のなかでも、小乗教《しょうじょうきょう》は劣応身《れっとうじん》という仏を教主として戒律《かいりつ》を説き、一切の煩悩《ぼんのう》を断じ尽《つ》くした阿羅漢《あらかん》という聖者になることを目的としています。これに対して大乗教《だいじょうきょう》のなかでも、華厳経《けごんぎょう》を所依とする華厳宗、方等部《ほうどうぶ》から発した真言宗、浄土宗、禅宗など、般若部《はんにゃぶ》の教理をもとにした三論宗《さんろんしゅう》など、これらは経典がそれぞれ違うわけですから、当然、教義や修行、目的、教主がすべて異《こと》なっているのです。

まして「唯有一仏乗《ゆいういちぶつじょう》」といわれる法華経は今までの四十二年間の教えとは比較《ひかく》

にならない深遠な教理と偉大な仏の利益《りやく》、そして真実の仏身《ぶっしん》が説き顕《あらわ》されたものです。その目的も、それまでの経教《きょうぎょう》では、三乗《さんじょう》すなわち声聞《しょうもん》を目的とする者、縁覚《えんがく》を目的とする者、菩薩《ぼさつ》になることを目指《めざ》す者をそれぞれ認めて、それに見合った教義と修行を別々に説いていたのですが、法華経に至ると、それまでの三乗を目的とする教えは方便であり仮《か》りのものなので、すべてこれを捨てよ、信じてはならないと釈尊自《みずか》らが戒《いまし》められ、一仏乗《いちぶつじょう》すなわちすべての人が仏の境界《きょうがい》に至ることこそ真実の目的であると教示されました。

このように宗教といっても宗派によって本尊も教義も目的もまったく異なっているのです。もしあなたが〝宗教〟という大きな意味で、目的が〝救済〟ということだから、どれでも同じだというならば、それはあまりに大雑把《おおざっぱ》な考え方だというべきでしょう。それはあたかも〝学校〟はどこも〝教育〟を目的にしていることは同じだからといって、小学校でも大学でも、自動車学校あるいは料理学校でも、どこへ通《かよ》っても同じだということと同じです。宗教の選択《せんたく》が人間の幸・不幸にかかわる大事であることを知れば知るほど、このような無責任で粗雑《そざつ》な判断は当《とう》を得《え》たものでないことがわかると思います。

3　どんな宗教にもよい教えが説かれていると思うが

これについて二点から考えてみましょう。

その第一は、教義の善《よ》し悪《あ》しとは何によって決められるかということであり、第二には宗教とは観念的《かんねんてき》な理論のみではなく、実践《じっせん》がともなうものであるということです。

まず第一の教義の善し悪しですが、もし一般的な道徳や常識という見地《けんち》に立てば、人殺しや盗みを奨励《しょうれい》する宗教でないかぎり、よい教えを説いているように見えます。

しかし、宗教は個人の身体と精神を含《ふく》む全人格が帰命《きみょう》し、よりどころとするものですから、高い教えと低い教え、部分的な教えと大局的《たいきょくてき》な教えの相違は、信ずる人間性に対して敏感《びんかん》に影響《えいきょう》します。したがって一人の人間をより根本から蘇生《そせい》させ本源的に救済するためには低級で部分的なものではなく、高度で大局的な教えに帰依しなければなりません。

日蓮大聖人は、

「所詮成仏《しょせんじょうぶつ》の大綱《たいこう》を法華に之《これ》を説き、其《そ》の余の網目《もうもく》は衆典に明かす。法華の為の網目なるが故に」（観心本尊得意抄・御書九一五㌻）

と仰《おお》せられ、法華経という大綱があって、初めて法華経以前の諸々《もろもろ》の教えが生かされると説いています。

仏教以外のキリスト教やイスラム教、儒教《じゅきょう》、神道《しんとう》なども一見すると人倫《じんりん》の道が説かれており、道徳的にはよい教えのようですが、人間の三世《さんぜ》にわたる生命論や、人間が具有《ぐゆう》する十界三千の実相《じっそう》が説かれていませんし、これらを仏教、とりわけ法華経と比《くら》べるとまったく低級な宗教であることがわかります。また、「無量義《むりょうぎ》とは一法《いっぽう》より生《しょう》ず」(無量義経・法華経一九ページ)ともいわれますように、唯一無二《ゆいいつむに》の大綱たる一法を信受するとき、種々の経々に説かれている功徳利益《りやく》のすべてが初めて生きてくるのです。

この一法こそ、仏法の上からいうところの真実の一法であり、もっとも正しい教えなのです。

次に宗教には必ず実践《じっせん》がともないますから、理論的にはいかに立派な教えであっても、それが現実に生かされないものであれば、なんの役にも立ちません。

その理論的な教義を現実に証明し、民衆を救済する教主《きょうしゅ》が出現するかしないかは、その宗教が真実か虚妄《こもう》かという違いでもあります。教主が自《みずか》ら出現し、正法《しょうぼう》正義《しょうぎ》を説いてそれを実践し証明したとき、初めてその宗教は信憑性《しんぴょうせい》のある宗教といえるのです。

たとえば新興宗教のなかにモラロジー（最高道徳）という宗教がありますが、その教義は〝釈迦・キリスト・孔子などの教えのなかからそれぞれよいところだけを取り出して実践する〟というものです。しかし、同じ釈尊の教えのなかでも、二百五十戒、五百戒という戒律《かいりつ》の実践を説く教えもあれば六度《ろくど》の修行（布施《ふせ》・持戒《じかい》・忍辱《にんにく》・精進《しょうじん》・禅定《ぜんじょう》・智慧《ちえ》）もあり、以信得入《いしんとくにゅう》すなわち信ずることが悟りに入ることであるとも説いています。このなかのどこをよい教えとして用いたり、反対に悪い教えとして切り捨てたりするのでしょうか。

これを靴《くつ》にたとえれば、雨のときはゴムの長靴が最適《さいてき》であり、登山には登山靴、野球・テニス・サッカーなどにはそれぞれ目的にかなった靴があります。また海水浴のときには、はだしになるわけです。

これらすべてがよいからといって、すべての靴のよいところと、はだしを一緒に用いることなどはできるわけがありませんし、そんなことをいえば狂人《きょうじん》と笑われるでしょう。

このモラロジーという宗教が犯《おか》している誤りの一つは、大綱《たいこう》と網目《もうもく》の相違、すなわち大局的・総合的な教義と部分的な善悪《ぜんあく》との判断がつけられず、無節操《むせっそう》にどれでもよいと考えていることであり、もう一つは生きた例証《れいしょう》もなく、実践も不可能な空想論を勝手に教義と称して信者に押しつけていることにあります。一見するとよい教えのように思われる宗教でも、よく検討《けんとう》するならば、低級であったり、邪悪《じゃあく》な宗教であると気がつくでしょう。

4　どんな宗教にもそれなりの利益《りやく》があるのではないか

すべての宗教かどうかはわかりませんが、教義もないような宗教、あるいは宗教ともいえない精神統一などにも一分《いちぶん》の利益《りやく》というべき結果が見られる場合があります。人によってはこの一分の結果や様相《ようそう》が利益のように感じられるのでしょう。しかし、人間の生命には一念三千といって三千種類の生命状態が可能性として潜在《せんざい》しており、それが縁《えん》に触れて様々な作用をするわけですから、周囲の状態（縁）を変えることによって今までとは違った心境や状態になることもありうるのです。生活と仕事に追われていた人が、心を鎮《しず》めて何かを拝《おが》み祈ることによって、今までとは違った心境になるでしょうし、ときには精神の変化が肉体に影響して病気が好転《こうてん》することも不思議なことではありません。

また、祈祷師《きとうし》や占い師《うらないし》などのように利根《りこん》や通力《つうりき》という一種の超能力《ちょうのうりょく》をもって、他人の願いごとを祈ったり、将来を占い、それがときにはかなったり当たったりすることもあるでしょう。これなども人間生命の潜在的《せんざいてき》可能性の一分が現《あらわ》れたものであり、あっても不思議ではありません。

しかし日蓮大聖人は、

「利根と通力とにはよるべからず」（唱法華題目抄・御書一二三三ページ）

と説かれ、人間の真の幸福は仏の境界《きょうがい》に至ることであり、このような超能力に依《よ》ってはいけないと戒《いまし》めています。

ともあれ、宗教の高低・正邪を問わず、いずれの宗教にも一分の利益ともいうべきものがあるかもしれませんが、私たちの真実の幸福は一時的な神だのみや、目先《めさき》の急場《きゅうば》しのぎによって得《え》られるものではなく、宇宙法界《うちゅうほうかい》を悟《さと》った仏の教えに従い、正しい本尊を信仰することによって得られるものなのです。すなわち本仏の慈悲によって仏天《ぶってん》の加護《かご》を受け、正しい信心と修行によって人間としての福徳を具《そな》え、清浄にして自在な仏の境界を現実生活のなかで活《い》かしていくことが仏教の目的であり、真実の大利益なのです。

たとえば、ここに幸福に到達する正しい道と不幸に至る邪《よこし》まな道があるとします。正しい道は向上《こうじょう》するものですから、険《けわ》しい坂道や困難な壁《かべ》にぶつかることもありましょう。反対に邪まな道は下降《かこう》する道ですから、快適《かいてき》な下り坂があり途中には美しい花が咲いているかもしれません。しかし一輪の花や下り坂に魅《み》せられて不幸な破滅の道を選ぶべきではありません。邪まな宗教によって一分の利益がもたらされるのは、あたかも詐欺師《さぎし》が初めに正直者《しょうじきもの》を装《よそお》い、おいしい餌《えさ》を相手に与えるようなものであり、正しい宗教に帰依《きえ》することを妨《さまた》げようとする魔《ま》の働きなのです。

一時的、表面的な結果のみにとらわれることなく、正しい教理と経文、そして現実の証拠《しょうこ》が具《そな》わっている正しい宗教によって、正しい人生を歩《あゆ》むことこそ人間としてもっとも大切なことなのです。

５　仏教はすべて釈尊《しゃくそん》から出ているのだから、どれを信じても同じではないか

今から三千年前にインド北部のカピラ城の王子として誕生《たんじょう》した釈尊は、十九歳の時に修行者となり、三十歳の時にガヤ城の近くで悟《さと》りを開きました。そののち、八十歳で入滅するまで五十年の間、人々に悟りの法を教えるために様々な教えを説きました。

中国の天台大師は、釈尊の五十年間の説法を深く検討《けんとう》して、その内容から説法の時期を五つに区分けしました。これが「五時《ごじ》」といわれるものです。また「八教《はっきょう》」という区分けもしていますが、ここでは「五時」によって説明しましょう。

第一は華厳時《けごんじ》といって、釈尊は開悟《かいご》ののち、直《ただ》ちに二十一日間にわたって哲学的

な十玄六相《じゅうげんろくそう》などの教理を説きましたが、聴衆《ちょうしゅう》はまったく理解できませんでした。第二は阿含時《あごんじ》といって戒律を中心とした教えを十二年間説きました。これは三蔵教あるいは小乗教《しょうじょうきょう》といわれ、仏教のなかでもっとも低い教義です。第三は方等時《ほうどうじ》といって幅《はば》広い内容の教えを十六年間説きました。これは弾呵《だんか》といって小乗教に執着《しゅうちゃく》する人を叱責《しっせき》し、大乗教《だいじょうきょう》すなわち自分のみでなく他人をも内面から救う教えに帰入《きにゅう》させるものです。第四は般若時《はんにゃじ》といって十四年間、空《くう》すなわちこの世のものは何一つとして定《さだ》まった実体《じったい》などなく、執着すべきものはないという教えを説きました。この般若と第一華厳・第三方等は大乗教ですが、いまだ釈尊が久遠《くおん》の仏であることを明かさず、人生の目的は三乗《さんじょう》（声聞《しょうもん》・縁覚《えんがく》・菩薩《ぼさつ》）にあるとして、真実を示さない仮《か》りの教えでした。釈尊は第五時の法華経を説法するために、まず無量義経《むりょうぎきょう》を説きましたが、そのなかで、

〝仏の眼《まなこ》をもって衆生の根性《こんじょう》を見るに、人々は種々様々な心根《こころね》だったので、ま

ずそれを調《ととの》えるために種々の方便の力を用《もち》いたり、仮りの法を説いたのである〟と説明し、

「四十余年《しじゅうよねん》には未《いま》だ真実《しんじつ》を顕《あらわ》さず」（無量義経・法華経二三㌻）

と説いています。そして法華経八年間の説法で、初めて真実の教えとして、いかなる人もその身のままで仏の境界《きょうがい》に至る一仏乗の法を説き顕したのです。

現在、東大寺《とうだいじ》を本山とする華厳宗は第一華厳時の教義を所依《しょえ》とし、タイやミャンマーなどに残っている戒律仏教や律宗《りっしゅう》などは第二阿含時の経典を教義としています。また浄土宗、禅宗、真言宗、法相宗などは第三方等時の経典からそれぞれ宗義を立てており、天台宗や日蓮宗各派のように法華経を依経《えきょう》としていても迹門《しゃくもん》の観《かん》念的《ねんてき》教理を中心としているなど、いずれの宗派も、末法現時に適した究極《きゅうきょく》の教えである法華経本門の法に依《よ》ってはいません。法華経本門の教えとは、釈尊が久遠の昔《むかし》に成仏するために修行した根本の原因となる一法であり、それは日蓮大聖人が唱

え顕された南無妙法蓮華経に尽《つ》きるのです。

このように同じ仏教といっても、教義の内容や目的、そして修行もまったく違うのですから、仏の本意に基《もと》づく真実の教えに帰依《きえ》しなくてはなりません。

6　先祖を崇拝《すうはい》することが間違っているのか

先祖を敬《うやま》い、崇《あが》めることは、仏法の教義に照《て》らして、けっして間違いではありません。むしろ人間としてたいへん立派《りっぱ》な行為《こうい》といえます。

しかし先祖を神として祭《まつ》ったり、「仏」と呼んで祈願や礼拝《らいはい》の対象《たいしょう》とすることは誤《あやま》りです。なぜならば先祖といっても、私たちと同じように一人の人間として苦しんだり悩《なや》んだり、失敗したり泣いたりしながら生きた人たちであり、生前も死後も悪縁《あくえん》によれば苦を感じ、善縁《ぜんえん》すなわち正法によれば安楽《あんらく》の果報《かほう》を受ける凡夫《ぼんぷ》であることに変わりがないからなのです。いい換《か》えれば、人間は死ぬことによって正しい悟りが得られるわけではありませんし、子孫《しそん》を守ったり苦悩《くのう》から救ったりできるわけでもないということです。

世間では先祖や故人《こじん》を「仏」と呼ぶ場合がありますが、これは仏教の精神から見て正しい用法《ようほう》ではありません。

仏とは仏陀《ぶっだ》とも如来《にょらい》ともいい、この世の一切の真実の相《すがた》と真理を一分《いちぶん》のくもりもなく悟《さと》り極《きわ》めた覚者《かくしゃ》という意味です。仏教の経典には阿弥陀仏《あみだぶつ》や薬師仏《やくしぶつ》、大日如来《だいにちにょらい》などたくさんの仏が説かれておりますが、これらの仏について、法華経には、

「此《こ》の大乗経典《だいじょうきょうてん》は、諸仏《しょぶつ》の宝蔵《ほうぞう》なり。十方三世《じっぽうさんぜ》の諸仏の眼目《げんもく》なり。三世の諸《もろもろ》の如来《にょらい》を出生《しゅっしょう》する種《たね》なり」（観普賢経・法華経六二四㌻）

と説かれ、日蓮大聖人も、

「三世の諸仏も妙法蓮華経の五字を以《もっ》て仏に成《な》り給ひしなり」

（法華初心成仏抄・御書一三二一㌻）

と仰せられているように、多くの仏はすべて大乗経典たる妙法蓮華経という本法《ほんぽう》を

種として仏と成ることができたのです。

この原理は私たちや先祖が何によって真《しん》に救われるかをはっきり示しています。すなわち本当に先祖を敬い、先祖の恩《おん》に報《むく》いる気持ちがあるならば、生者、死者をともに根本から成仏せしめる本仏本法に従《したが》って正しく回向《えこう》供養しなければなりません。

また先祖の意志を考えてみますと、先祖の多くは我が家の繁栄《はんえい》と子孫の幸せを願って苦労されたことでしょう。急病の子供を背負《せお》って医者を探し求めたこともあったでしょうし、妻子を助けるために我が身を犠牲《ぎせい》にされた方もいたことと思います。このように一家の繁栄と幸福を願う先祖がもし、自分の子孫の一人が、真実の仏法によって先祖を回向し、自《みずか》らも幸せになるために信仰を始めたことを知ったならば、家代々の宗教を改《あらた》めたことを悲しむどころか、「宿願《しゅくがん》ここに成《な》れり」と大いに喜ぶはずです。

先祖を救うという尊い真心《まごころ》を正しく活《い》かすためには、先祖の写真や位牌《いはい》を拝《おが》むのではなく、三世《さんぜ》諸仏《しょぶつ》の本種《ほんしゅ》である南無妙法蓮華経の御本尊を安置し、読経・唱題して回向供養することがもっとも大切なのです。

大聖人は、

「父母《ふも》に御孝養《こうよう》の意《こころ》あらん人々は法華経を贈《おく》り給ふべし（中略）定《さだ》めて過去聖霊《しょうりょう》も忽《たちま》ちに六道の垢穢《くえ》を離れて霊山浄土《りょうぜんじょうど》へ御参《おんまい》り候らん」

（刑部左衛門尉女房御返事・御書一五〇六㌻）

と、妙法によって先祖を供養するよう教えられています。

7　他の宗教で幸福になった人もいるのではないか

私たちの周囲には、様々な宗教や信仰によってそれなりの幸せを感じて暮《く》らしている人もいるようです。

しかし、たとえ幸福そうに見えていても、その実態《じったい》はわからないものです。外見《がいけん》は大邸宅《だいていたく》に住み、社会的にも恵まれた地位にありながら、非行に走る子供を持って苦労している人があったり、家庭内の不和や、親族間の財産争《あらそ》いに明け暮れている家もあります。

また、現在は一時的に満足できても、明日《あす》のたしかなる保障《ほしょう》は、どこにもないのです。

したがって、他の宗教を信じてたしかに幸せになったなどと軽々《けいけい》に結論を下《くだ》すことはできません。

また、「積善《せきぜん》の家には必ず余慶《よけい》あり」ということわざがあるように、その家の過去の人々の善業《ぜんごう》が、今の人々の身の上に余徳《よとく》となって現《あらわ》れている場合もありましょう。信仰には、たしかに現世《げんせ》の利益《りやく》がなくてはなりませんが、反面、その一時の小さな利益のみに目がくらんではならないのです。

たとえば、ある宗教を信じ、高名《こうめい》な霊能者《れいのうしゃ》などに相談を持ちかけ、少しばかりよいことがあったり、商売が上向《うわむ》いたことがあったばかりに、その宗教や霊能者に執《しゅう》心《しん》して、真実の仏法の正邪や、正しい因果《いんが》の道理にのっとった判断ができなくなってしまうようなものです。

他の宗教で幸福になったと思う人も、大概《たいがい》はこうした人々であって、いわば一時の低い利益に酔《よ》いしれているようなものです。厳《きび》しいいい方をすれば、浅薄《せんぱく》な宗教を信ずるということは、より勝《すぐ》れた根本の教えを知らず、結果的には最勝の教えに背《そむ》くということであり、その背信《はいしん》の罰《ばち》をのがれることはできません。

ちょうど、悩みや苦しみをお酒によってまぎらしたり、麻薬《まやく》の世界に一時の楽しみを求めた人たちが、その悦楽《えつらく》から抜け出せず、結局、アルコール中毒や取り返しのつかない廃人《はいじん》となってしまうように、他宗の小利益に執《しゅう》する末路《まつろ》には、大きな不幸、すなわち、最高・最善の仏法に背く大罰《だいばち》が待ち受けているということを知らなければなりません。

つまり、いつとはなしに身心ともにむしばまれた、地獄《じごく》のような生活に堕《だ》してしまうのです。

日蓮大聖人は、

「当《まさ》に知るべし、彼の威徳《いとく》有りといへども、猶《なお》阿鼻《あび》の炎《ほのお》をまぬ《免》かれず。況《いわ》んやわづかの変化《へんげ》にをいてをや。況んや大乗誹謗《ひぼう》にをいてをや。是《これ》一切衆生の悪知識な

り。近付くべからず。畏《おそ》るべし畏るべし」（星名五郎太郎殿御返事・御書三六六㌻）

と説かれており、他宗を信ずることによってもたらされる現象《げんしょう》は、けっして功徳とはならず、むしろ正法への帰依《きえ》を妨《さまた》げ、不幸へと導く悪知識《あくちしき》であると仰《おお》せです。

幸福の条件の一つには、現在の生活の上における様々な願望《がんぼう》の充足《じゅうそく》が挙《あ》げられますが、人間にとって最高の幸せは、なんといっても過去・現在・未来の三世《さんぜ》にわたる、ゆるぎない成仏の境界《きょうがい》であって、真の幸福とはここに極《きわ》まるものなのです。

そして、この三世にわたる成仏は、日蓮大聖人の南無妙法蓮華経の大法を離れては、絶対にありえないのです。

8　他の宗教によって現実に願いがかなったので信じているが

日蓮正宗以外の宗教を信じ、〝商売がうまくいった〟とか〝病気が治《なお》った〟という人がいます。また日蓮正宗に入信しても、初めは周囲の反対や人間関係などで苦労する人もいるかもしれません。

しかし、正しい仏法とは私たちに正しい本尊と修行を教え、身心両面にわたって育成錬磨《いくせいれんま》し、仏の道を成就《じょうじゅ》させることを目的としています。

正しい仏道修行をすることによって、いかなる苦難《くなん》や障害《しょうがい》が起きても、それを乗り越えていける人こそ真に幸せな人なのです。困ったときだけ拝《おが》み屋のような宗教にすがって一時しのぎの解決をしても、それは人生の本質的な幸福につながるものではありません。たとえば、勉強をしない子供に試験のときに答《こた》えだけを教えて、よい点数をとらせたからといって、その子供の学力が向上《こうじょう》することにならないのと同様《どうよう》です。

もし現在、悩みがあったとしても、善因《ぜんいん》を積んで善果《ぜんか》を生ずるように、その原因をよく知って、正法正義《しょうぼうしょうぎ》に帰依《きえ》しなければ真の解決にはならないことを知るべきです。

また、低俗な宗教によって悩みが一時的に解決したからといって、それが人生のすべてに通用し、人生の苦を根本から解決できることになるわけではありません。むしろ苦難に遭《あ》ったときに努力することを忘れて、一時の神だのみに走ることだけが身についてしまうでしょう。それはその人にとってけっしてよい結果とはいえません。

悩みや問題は人それぞれに様々ですが、その人の生《お》い立ちや周囲の縁《えん》、年齢や心がけなどによって解決の形もまた異《こと》なっています。

たとえば、種《たね》をまいても直《ただ》ちに花を開かせることはできませんが、時が至れば必ず開花するように、時《とき》と機《き》が熟《じゅく》さなければ解決しない場合もあるのです。

また誤った宗教に縁することによって、願いがかなったこと以上に生命が汚染《おせん》され、将来大きな苦しみを生ずる業因《ごういん》となることをよく認識《にんしき》すべきです。

日蓮大聖人は、

「一分《いちぶん》のしるしある様《よう》なりとも、天地の知る程《ほど》の祈りとは成るべからず。魔王《まおう》・魔《ま》民《みん》等守護《しゅご》を加へて法に験《しるし》の有《あ》る様なりとも、終《つい》には其《そ》の身《み》も檀那《だんな》も安穏《あんのん》なるべからず」（諫暁八幡抄・御書一五三一ページ）

と仰《おお》せられ、一時的に祈りがかなったように見えても、邪宗教によるものは、正法を隠蔽《いんぺい》しようとする魔の所為《しょい》（行《おこな》い）に過ぎないと説かれています。

そして正法による祈りについて、

「大地はさゝばはづるゝとも、虚空をつなぐ者はありとも、潮《しお》のみち《満》ひ《干》ぬ事は

ありとも、日は西より出《い》づるとも、法華経の行者の祈りのかな《叶》はぬ事はあるべからず」（祈祷抄・御書六三〇ページ）

とも仰せられ、人生根本の大願《だいがん》たる成仏も、強い信心によって必ずかなうと教示《きょうじ》されています。

また日寛上人も、日蓮大聖人建立《こんりゅう》の大御本尊の利益《りやく》について、

「此の本尊を信じて南無妙法蓮華経と唱うれば、則《すなわ》ち祈りとして叶《かな》わざる無く、罪《つみ》として滅《めっ》せざる無く、福《さいわい》として来《き》たらざる無く、理として顕《あら》われざる無きなり」（観心本尊抄文段・御書文段一八九ページ）

と仰せられています。

真実の祈りは、正法正義による仏道修行によってかなうのであり、低俗な宗教によるならば、かえって苦しみを増すことを知るべきでありましょう。

9　先祖が代々守ってきた宗教を捨《す》てることはできない

だれしも先祖代々長く守ってきた宗教に愛着《あいちゃく》があり、その宗旨《しゅうし》を捨てることは先祖の意に背《そむ》くように思い、一種の恐れのような感情を抱《いだ》くのは、無理からぬことです。

しかし、先祖がいったい、どうしてそうした宗教を持ち、その寺の檀家《だんか》になったかということを、昔にさかのぼって考えてみますと、その多くは徳川幕府の寺請制《てらうけせい》度《ど》によって強制的に菩提寺《ぼだいじ》が定められ、宗門人別帳《しゅうもんにんべつちょう》（戸籍《こせき》）をもって、長く管理統制《とうせい》されてきた名残《なご》りによるものと思われます。

江戸時代は信仰しているかどうかにかかわらず、旅行するにも、移住《いじゅう》するにも、養子縁組《ようしえんぐみ》をするにも、すべて寺請《てらうけ》の手形《てがた》の下付《かふ》が必要だったのです。もちろん宗旨を変えたり檀家をやめることは許《ゆる》されませんでした。

したがって、庶民は宗教に正邪浅深があり、浅い方便《ほうべん》の教え（仮《か》りの教え）を捨てて、真実の正法につくなどという化導《けどう》を受ける機会もありませんでした。せいぜい現世利益《げんぜりやく》を頼《たの》んで、檀家制度とは別に、有名な神社仏閣《ぶっかく》の縁日《えんにち》や祭礼《さいれい》に出かけたり、物見遊山《ものみゆさん》を楽しむぐらいのものでした。

しかし現代は、明治から昭和にかけての国家権力による宗教統制もようやく解《と》けて、真に信教の自由が保障《ほしょう》され、自《みずか》らの意志で正しい宗教を選び、過去の悪法や制度に左右されることなく、堂々と正道を求めることができる時代になったのです。

言葉を換《か》えていえば、今こそ先祖代々の人々をも正法の功力《くりき》によって、真の成仏に導《みちび》くことができる時がきたのです。

釈尊の本懐《ほんがい》である法華経には、

「此《こ》の経《きょう》は持《たも》ち難《がた》し　若《も》し暫《しばら》くも持《たも》つ者《もの》は　我即《われすなわ》ち歓喜《かんぎ》す　諸仏《しょぶつ》も亦然《またしか》なり」

（宝塔品第十一・法華経三五四㌻）

と説かれています。

すなわち、世間の人々の中 傷《ちゅうしょう》や妨害《ぼうがい》のなかで、妙法蓮華経の大法を信じ持《たも》つことは、なまやさしいことではありません。しかし、持ち難《がた》く行じ難いからこそ、三《さん》世十方《ぜじっぽう》の諸仏は歓喜して、その妙法の持者を守るのだと説かれているのです。

また日蓮大聖人は、

「今《いま》日蓮等の 類 聖 霊《たぐいしょうりょう》を訪《とぶら》ふ時、法華経を読誦《どくじゅ》し、南無妙法蓮華経と唱へ奉《たてまつ》る時、題目の光無間《むけん》に至って即身成仏《そくしんじょうぶつ》せしむ」（御義口伝・御書一七二四㌻）

と仰《おお》せられています。

本当に先祖累代《るいだい》の父母を救おうと思うならば、日蓮大聖人の仰せのように、一乗の妙法蓮華経の題目の功徳を供《そな》え、真実の孝養を尽くすことが肝心《かんじん》なのです。

今のあなたが、先祖が長い間誤《あやま》りを犯《おか》してきた宗教を、そのまま踏襲《とうしゅう》することは、あまりにも愚《おろ》かなことです。

自分のあさはかな意《こころ》に従うのではなく、正法に目覚めてこそ、初めて先祖累代の人々を救い、我が家の幸せを開拓《かいたく》し、未来の人々をも救いうるのだということを知るべきです。

10　自分の気に入《い》った宗教が一番よいと思う

近年、世間を騒がせたオウム真理教の信徒たちは、麻原教祖に洗脳されて、ある者は殺人者となり、ある者は見せしめのために殺されました。

またアメリカにおいては、人民寺院を標榜《ひょうぼう》（主張）する新興宗教の教祖の教えによって、集団生活をしていた千名近い信者が、ことごとく自殺して果《は》てるというすさまじい事件もありました。

こうしたことは、極端《きょくたん》な例ですが、誤った思想や宗教の恐ろしさを如実《にょじつ》に象徴《しょうちょう》したものといえます。

人はかたよった思想や邪宗教にとりつかれてしまいますと、その教えに熱中するあまり、人を人とも思わず、人の命すら自分たちの集団の論理で平気で葬《ほうむ》ってしまうのです。

思想や信条、ことに宗教という人間の生活規範《きはん》にかかわる大切なものは、何よりも明るく清々《すがすが》しく健康的な理念でうら打ちされていることが必要です。人々を心の底から躍動《やくどう》させる喜びにあふれたものでなければなりません。

洋服や食べ物ならば自分の好きなものを選べばよいのですが、自分の人生や家庭、生活に重大な影響《えいきょう》を与える宗教の場合は、その根本である本尊や教義の内容を正しく取捨選択《しゅしゃせんたく》することが大切です。

宗教の正邪・勝劣を知るためには、少なくともその宗旨が何を本尊とし、何を信仰の対象《たいしょう》としているかということを、まず尋《たず》ねる必要があります。

また、その宗教の教義が正しいと判断されるためには、本尊とともに、一切の人々が過去・現在・未来の三世《さんぜ》にわたって救済《きゅうさい》されるのみならず、地獄界から仏界に至る十界《じっかい》のことごとく、生きとし生けるもののすべてが、根本的に救われる道理と法門が説き明かされていなければなりません。

日蓮大聖人は、

「同じく信を取るならば、又《また》大小権実《ごんじつ》のある中に、諸仏出世の本意《ほんい》、衆生成仏の直道《じきどう》の一乗をこそ信ずべけれ。持《たも》つ処《ところ》の御経の諸経に勝《すぐ》れてましませば、能《よ》く持つ人も亦《また》諸人にまされり」（持妙法華問答抄・御書二九七㌻）

と仰《おお》せられています。

信仰を志《こころざ》すならば、好ききらいで判断するのではなく、もっとも勝れた本尊と教義のもとに誓願《せいがん》の尊《とうと》さと修行の正しさを教示された宗教を求めるべきです。そして永遠性や普遍性《ふへんせい》に富《と》み、広大無辺《こうだいむへん》の功徳の具《そな》わった世界一の宗教を持《たも》つべきです。

11　自分は先祖の位牌《いはい》を祭《まつ》っているので、それで充分だ

位牌とは昔《むかし》、中国において、存命中《ぞんめいちゅう》に受けた官位《かんい》や姓名《せいめい》を記《しる》した木牌《もくはい》に始まるといわれています。

日本では、葬儀《そうぎ》のときに白木《しらき》の位牌に法名《ほうみょう》、俗名《ぞくみょう》、死亡年月日、年齢《ねんれい》を記して、祭壇《さいだん》に安置します。これは、回向《えこう》のためと、参列者《さんれつしゃ》に法名などを披露《ひろう》するためのならわしといえます。

したがって位牌そのものを礼拝《らいはい》の対象《たいしょう》にしたり、死者の霊が宿《やど》っているなどと考え、それに執着《しゅうちゃく》するのは誤りです。

位牌はけっして本尊のような信仰の対象物ではなく、位牌を拝《おが》んだからといって、

死者の霊を慰《なぐさ》めることができるというものでもありません。

世間《せけん》の多くの人々が白木の位牌を、のちに黒地に金文字などの位牌に改《あらた》め、その位牌を守ることがいかにも尊い大事な意味を持っているように考えていますが、これも本来の死者の成仏、死者に対する回向、供養とはなんの相関関係《そうかんかんけい》もないことなのです。

真実の死者に対する供養のためには、何よりも一切の人々を救済成仏《きゅうさいじょうぶつ》させうる力と働きと法門の具《そな》わった本門の本尊を安置し、本門の題目を唱えて、凡身《ぼんしん》を仏身《ぶっしん》へ、生死を涅槃《ねはん》へと導くことに尽《つ》きるのです。

日蓮大聖人は、

「今《いま》末法は南無妙法蓮華経の七字を弘めて利生得益《りしょうとくやく》有るべき時なり。されば此《こ》の題目には余事《よじ》を交へば僻事《ひがごと》なるべし。此の妙法の大曼荼羅《だいまんだら》を身に持《たも》ち心に念じ口に唱へ奉るべき時なり」（御講聞書・御書一八一八ページ）

とも、また、

「但《ただ》南無妙法蓮華経の七字のみこそ仏になる種には候へ」

（九郎太郎殿御返事・御書一二九三ページ）

と説かれています。

父母の成仏や、我が身の成仏を願い、一家の幸せを築くためには、一閻浮提《いちえんぶだい》第一の本門の本尊を持《たも》ち、その御本尊に整足《せいそく》する成仏の種子《しゅし》たる南無妙法蓮華経の本門の題目を唱える以外には絶対にありえないのです。

したがって位牌も塔婆《とうば》も、この本門の本尊のもとにあって、しかも題目をしたためてこそ、死者の当体を回向する十界互具《じっかいごぐ》一念三千の法門の原理が具《そな》わるのです。梵字《ぼんじ》や新寂《しんじゃく》、空《くう》などの字が刻《きざ》まれた他宗の位牌や塔婆を建てることは、仏の本意に基《もと》づく供養の仕方《しかた》ではありませんから、先祖のためには、かえってあだとなり、実際には先祖を苦しめ、正法不信の罪過《ざいか》を重ねる結果となってしまうのです。

12　信仰の自由は憲法《けんぽう》でも保障《ほしょう》されているのだから、何を信じてもよいはずだ

日本国憲法の第二十条に、

「信教《しんきょう》の自由は、何人《なんぴと》に対してもこれを保障する」

と、明確に信教の自由が保障されています。

この条目は、かつて古代、中世より近代にいたる長い国家権力による、宗教統制《とうせい》の歴史の反省から、信教の自由が国民の一人ひとりに初めて保障されたものです。

朝廷《ちょうてい》による宗教への保護と規制《きせい》、また、江戸幕府の寺請制度《てらうけせいど》と転宗《てんしゅう》の禁制《きんせい》、近代国家主義下の神道《しんとう》の強制などの歴史を経《へ》て、今こそ自由に自《みずか》らの意志で宗教を選び、弾圧《だんあつ》・迫害《はくがい》の恐れもなく、堂々と信仰ができる時代となったのです。

しかし、ここで私たちが注意しなくてはならないことは、どのような信仰を持とうとも、たしかに法律の上では自由を保障される時代を迎えたとはいえ、信教の自由の意味を単《たん》に、宗教の正邪・善悪《ぜんあく》を無視《むし》して、何をどう信じてもいいと、安易《あんい》にとらえてはならないということです。

信教の自由は、個人個人が自分の意志で、宗教の正邪・浅深を判断し、より正しく勝《すぐ》れたものを選びとる権利を持つということであり、その権利の行使《こうし》には、それを正しく役立てていく、主権者《しゅけんしゃ》としての責任もあるのです。

法律の上では宗派の持つ教義の正邪の判断を下《くだ》し、規制することはできませんが、実際に宗教を選ぶというときには、一人ひとりが正邪を厳《きび》しく判定して、唯一《ゆいいつ》の正法を選ぶことが肝要《かんよう》です。

信教に限らず、尊い自由の保障を受けた私たちは、この自由の基本的な権利を積極的に活《い》かし、自らの責任において、立派《りっぱ》にその恩恵《おんけい》を行使していく意志を持たなくてはなりません。

せっかく憲法で保障された信教の自由を、放逸《ほういつ》（わがまま）の意味に曲解《きょっかい》するのは、あまりにも無責任に過ぎます。

13　信仰は必要なときだけすればよいのではないか

〝信仰を必要とするとき〟とは、どのようなときを指《さ》すのでしょうか。苦境《くきょう》に立ってわらにもすがりたくなるときなのでしょうか。それとも慣例的《かんれいてき》に神社仏閣《ぶっかく》に参詣《さんけい》する正月や盆、彼岸《ひがん》を指すのでしょうか。あるいは冠婚葬祭《かんこんそうさい》のときでしょうか。またはは人生のなかで老境《ろうきょう》に至ったときという意味でしょうか。

こうして見ると、〝信仰を必要とするとき〟といっても、受けとり方によって意味がまったく異《こと》なりますから、一部分のみをとらえて、その善《よ》し悪《あ》しを論ずることはできませんが、今、質問の内容について、わかりやすく説明するために〝信仰をしなくともよいとき〟があるかどうかを考えてみましょう。

そのためには、まず信仰にどのような意義があるかを知る必要があります。信仰の意義として大要《たいよう》、次の三点が挙《あ》げられます。

第一に正しい宗教は、人間の生命を含む時間・空間を超《こ》えた宇宙法界《うちゅうほうかい》の真理を悟《さと》った本仏が、私たち衆生《しゅじょう》に対して人間のもっとも大切な根本の道を教え示されたものです。それはあたかも人生という草木を生育《せいいく》している大地のようなものであり、人間という電車を幸せに向かって快適《かいてき》に走らせるためのレールのようなものです。私たちの人生は老《お》いも若きも平等に時々刻々《じじこくこく》と過ぎ去っていきます。すべての人の毎日毎日が生きた草木であり、走りつつある電車なのです。はたして生きた草木にとって大地がなくてもよいときがあるのでしょうか。また走りつつある電車にレールがなくてもよいときがあるのでしょうか。宗教とは人間の根本となる教えということであり、宗教のない人生は人間としての根本の指針《ししん》を欠落《けつらく》した、さまよえる人生というべきなのです。

第二に正しい宗教を信ずることは、成仏という人間としてもっとも崇高《すうこう》な境界《きょうがい》を目標として修行することです。成仏とは、個々の生命に仏の力と智慧《ちえ》を涌現《ゆげん》させ、何物《なにもの》にも崩《くず》れることのない絶対的に安穏《あんのん》で自在《じざい》の境地《きょうち》を築《きず》くことであり、この高い目的地に至るためには、たゆまぬ努力と精進《しょうじん》が必要です。どんな世界でも、高い目標を目指し、一つの道を極《きわ》めるためには、正しい指導とたゆまぬ修行鍛錬《たんれん》がなければならないことはいうまでもありません。思いついたとき、気が向いたときだけ一時的に信仰するというのは、学生が気が向いたときだけ学校に行くということと同じであり、真の目的をなし遂げることはできません。

第三に正しい宗教とは人生の苦悩《くのう》を根本的に解決するためのものであり、これを実践《じっせん》（信仰）すればおのずと苦悩を乗り越える勇気と智慧などの生命力が具《そな》わるのです。それのみならず正法を信ずることによって、日常生活が仏天《ぶってん》の加護《かご》を受けることも厳然《げんぜん》たる事実です。自分の将来に対する不安や性格的な悩み、さらには家族や職場での問題など、だれもが多くの解決すべき難問や悩みを抱《かか》えながら生きているのではないでしょうか。また私たちは、明日どころか一時間先にも何が起きるかわからないのであり、自分の人生がいつ、どこで幕を閉《と》じるかもわかりません。

〃必要なときが来れば信仰する〃などといって、今日一日を自分勝手な思いつきで過ごすことは、かけがえのない人生の時間を無駄《むだ》にしているといわざるをえません。

あなたにとって〃信仰が必要なとき〃、それは今を置《お》いてないのです。

14 歴史のある有名な神社やお寺のほうがありがたいと思うが

奈良や京都の歴史的に名高い神社や寺々は、今もなお多くの観光客が訪《おとず》れています。

たしかに年月を経《へ》た建物や、静かな庭園のたたずまいには、いかにも心をなごませる落ち着いた雰囲気《ふんいき》があります。

しかし、よくよく考えてみなければならないことは、宗教の本来の役割《やくわり》は物見遊山《ものみゆさん》や観光のためではなく、民衆を法によって救うことにあるということです。

歴史的に有名であったり、大勢《おおぜい》の観光客が訪れるということと、実際にその寺院が人々の救済《きゅうさい》に役立っているか、また参詣者《さんけいしゃ》に功徳《くどく》を与えているかということとは別の問題なのです。

昔の人の川柳《せんりゅう》に「大仏は　見るものにして　尊《とうと》まず」という一句がありますように、奈良の大仏を見に行く人や、見上げてその大きさに感心する人はあっても、心から信じて礼拝合掌《らいはいがっしょう》する人は少ないことでしょう。

信仰心をもって行くというよりは、観光のために訪れるというのが本心でしょう。

古都《こと》の神社や寺々は、もはや宗教本来の目的を失い、拝観料《はいかんりょう》などの観光による財源《ざいげん》で建物を維持《いじ》することに汲々《きゅうきゅう》としているというのが現状です。

そのほか、正月や縁日《えんにち》に大勢の参詣者でにぎわう有名な寺社も、宗旨の根本である本尊と教義を調べて見ると、まったく根拠《こんきょ》のない本尊であったり、空虚《くうきょ》な教えであるなど、今日の人々の救済になんら役立つものではなく、むしろ正法流布のさまたげとなっているのです。

ところが宗教の正邪を判断できない人々は、開運《かいうん》・交通安全・商売繁盛《はんじょう》・厄除《やくよ》けなどの宣伝文句にさそわれ、これら有害無益《ゆうがいむえき》の寺社におしかけ、自《みずか》ら悪道に堕《お》ちる原因を積《つ》み重ねているのです。

日蓮大聖人は、

「汝只正理《なんじただしょうり》を以《もっ》て前《さき》とすべし。別して人の多きを以て本とすることなかれ」

（聖愚問答抄・御書四〇二ジー）

と説かれているように、正しい本尊と、勝《すぐ》れた教法によって、民衆救済の実《じつ》を挙《あ》げていくところに宗教の本質があるのであって、ただ歴史が古い、名がとおっている、多くの参詣者でにぎわっているということをもって、その寺社を尊んだり勝れていると考えてはならないのです。

歴史的な建物や庭園、遺跡《いせき》などには、それなりの価値《かち》はあるでしょうが、人々を救済するという宗教本来の目的から見れば、これら有名な寺社にはなんらの価値もないばかりか、むしろ人生の苦悩《くのう》の根源となる悪法と、社会をむしばむ害毒《がいどく》のみがうずまいていることを知るべきです。

15　邪宗《じゃしゅう》という呼び方が気に入らない

邪宗という言葉は、日蓮正宗の人が、やみくもに他宗を攻撃《こうげき》するために勝手に使っているのではありません。

釈尊は法華経に、

「正直《しょうじき》に方便《ほうべん》を捨《す》てて　但無《ただむ》上道《じょうどう》を説く」（方便品第二・法華経一二四㌻）

と、四十余年にわたって説き続けてきた方便の経々《きょうぎょう》を捨てることを説き、これ以後に説示《せつじ》する法華経こそ最高唯一《ゆいいつ》の無上道であるといわれています。また方便の経々に執着《しゅうちゃく》していた弟子の舎利弗《しゃりほつ》は自《みずか》ら、

「我本邪見《われもとじゃけん》に著《じゃく》して　諸《もろもろ》の梵志《ぼんじ》の師と為《な》りき　世尊我《せそんわ》が心《こころ》を知《し》ろしめして　邪《じゃ》

を抜《ぬ》き涅槃《ねはん》を説《と》きたまいしかば　我悉《ことごと》く邪見を除《のぞ》いて　空法《くうほう》に於《おい》て証《しょう》を得たり」（譬喩品第三・法華経一三二ページ）

と述懐《じゅっかい》していますが、ここにも低級な教えによる考えを「邪見」と称《しょう》しています。

また、日蓮大聖人は末法の教主として、

「正直に権教《ごんぎょう》の邪法邪師《じゃほうじゃし》の邪義《じゃぎ》を捨てゝ、正直に正法正師《しょうぼうしょうし》の正義《しょうぎ》を信ずる」

（当体義抄・御書七〇一ページ）

ことが、もっとも大切であると教えています。

これらのことからも、邪宗・邪法などの言葉は仏の経説に従って使用していることがわかるでしょう。

ではなぜ他の宗派に対して攻撃的《こうげきてき》な、しかも刺激《しげき》の強い邪宗という呼び方をするのかといいますと、個人の苦しみや社会の不幸はすべて邪《よこし》まな宗教が元凶《げんきょう》となっているからであり、いい換《か》えると誤った宗教、低劣な教えがこの世の不幸の種だからです。

昭和二十年に広島市と長崎市に投下された原爆は一瞬のうちに何十万人という市民、それもなんの罪もない子供や老人まで無差別に殺戮《さつりく》しました。今、私たちが、核兵器の行使《こうし》が悪魔《あくま》の所業《しょぎょう》であると叫《さけ》び、この憎《にく》むべき不幸を二度と繰り返してはならないと訴《うった》えるのは当然でしょう。そしてその不幸の原因が戦争であり、戦争は人間社会の誤った思想によって誘発《ゆうはつ》されたことを考えますと、誤った思想が何十万人、いな世界大戦で戦死した人を含めると何百万人、何千万人の命を奪ったことになるのです。このような殺人思想に対して、邪教・魔説と指弾《しだん》することはいい過ぎでしょうか。失礼に当たるから控《ひか》えるべきなのでしょうか。

涅槃経《ねはんぎょう》に、

「悪象のために殺されては三趣《さんしゅ》に至らず、悪友のために殺されては必ず三趣に至る」

と説かれています。この意味は災害や事故によって命を失っても地獄・餓鬼《がき》・畜生《ちくしょう》というもっとも苦しむ状態にはならないが、誤った教えを信ずる者は死してのちに必ず三悪道《さんあくどう》に堕《お》ちて永劫《えいごう》に苦しみ続けるということです。

一切の不幸の元凶となる誤った宗教は、あたかも覚醒剤《かくせいざい》や麻薬《まやく》のように、本人も気づかないまま、いつしか次第に身も心もむしばみ人生を狂《くる》わせていくのです。

正しい仏法に目覚めた私たちが、誤った宗教を不幸の根源であると破折《はしゃく》し、邪宗と称《しょう》することは、悪法に対する戒《いまし》めであり、今なお知らずに毒を飲んでいる人に対する警告《けいこく》の表《あらわ》れでもあるのです。

第三節　信仰を持たない人へ

1　宗教の必要性を認めない

宗教を否定し、信仰の必要性を認めないという人のなかには、感覚的に信仰をきらう人もあれば、今までまったく無関心に生きてきたことによって、その必要性に気づかない人もあることでしょう。

しかし、ほとんどの人は自分なりの信念をもって、日々努力を重ねて自分の一生を生きていけばよいと思っているようです。

たしかに自分の信念と、毎日の努力によって一家をささえ、子供を育て、それなりの財産を築き、社会的な地位を得《う》るということは、尊《とうと》い一生の仕事であり、これとても、並《なみ》たいていの努力でできるものではありません。

真実の宗教は、人間の生命を説き明かし、人生に指針《ししん》を与えるもっとも勝《すぐ》れた教えですから、これを信ずることは仏の正しい教えによって、心のなかに秘められた願いを成就《じょうじゅ》し、私たちの持つ信念を、より崇高《すうこう》な信念へと高め、人間性をより豊かに、より充実したものに育《はぐく》むことになるのです。

たとえば、山のなかの小さな谷川を渡るのには、航海術《こうかいじゅつ》を学ぶ必要はないでしょう。けれども、太平洋などの大海原《おおうなばら》を渡るには、正しい航路を知り、進路を定《さだ》め、航海するための知識や技術が、どうしても必要なのです。

私たちの人生にとっても、一生という長い航海には、仏の正しい教えによって航路を正《ただ》し、自分を見極め、真実の幸せな人生という目標に到達《とうたつ》するための知識や訓練《くんれん》ともいうべき、正しい信仰と修行が必要なのです。

真実の宗教を持たず、正しい信仰を知らない人は、あたかも航海の知識もなく、進路を見定める羅針盤《らしんばん》も持たずに大海原に乗り出した船のように、人生をさまよわなければなりません。

釈尊は涅槃経《ねはんぎょう》というお経のなかで、信仰のない人のことを、

「主無く、親無く、救無く、護《ご》無く、帰《き》無く、趣《しゅ》無く、貧窮飢困《びんぐきこん》ならん」

と説いています。

すなわち、正しい宗教を持たない人は、仏という人生における根本の師を知らず、もっとも慈愛の深い親を持たず、したがって仏の救済《きゅうさい》もなく、護られることもなく、何を目的として生きるのかということを知らず、正法の財宝（功徳《くどく》）に恵《めぐ》まれない、心の貧《まず》しい人だというのです。

さらに長い一生の間には、経済苦や家庭不和や社会不安の影響などによって、深刻な悩みや苦しみが押し寄せてくるときもあるでしょう。少なくとも病苦《びょうく》・老苦《ろうく》・死苦《しく》などは、だれもが必ず直面しなければならないことなのです。

実際に自分がこうした苦悩《くのう》に遭遇《そうぐう》したときのことを想像《そうぞう》してみてください。は

たして本当に自分の信念と努力で、このような悩みや苦しみを乗り越えることができるのでしょうか。少なくとも自分一人の力で、その苦しみのどん底からはい上がり、我が身の不幸を真実の幸せな人生へと転換《てんかん》させることは容易《ようい》なことではありません。

まして一切の苦悩に打ち勝って、安穏《あんのん》な、しかも行きづまりのない自在な境界《きょうがい》を開拓《かいたく》して生きるなどということは、できるものではありません。

ここに、正しい信仰によっていかなる障魔《しょうま》にも負けない不屈《ふくつ》の闘志《とうし》と、仕事や家庭など人生におけるすべての苦難《くなん》に打ち勝つ力を養うために、宗教の必要性があるのです。

2　現実に神や仏がいるとは思われない

初めに、神についていいますと、キリスト教やイスラム教で立てる天地創造《てんちそうぞう》の神ゴッドやアラーは、預言者と称《しょう》されるキリストやマホメットが教典《きょうてん》に説示《せつじ》しただけのことで、現実にこの地上に姿《すがた》を現《あらわ》したことはありません。

天理教《てんりきょう》の天理王命《てんりおうのみこと》や金光教《こんこうきょう》の天地金乃神《てんちかねのかみ》なども、教祖がある日、思いついたようにいい出したもので、この世に現れたことはありません。

また神社のなかには、天満宮《てんまんぐう》や明治神宮などのように菅原道真《すがわらのみちざね》とか明治天皇などの歴史上の人物を祭《まつ》っているところもありますが、これらは偉人《いじん》を敬慕《けいぼ》する感情や時の政治的配慮《はいりょ》などによって、人間を神にまで祭《まつ》り上げてしまっただけのことで、神本来の働きをもっているわけではないのです。

本来、神とは原始時代の自然崇拝《すうはい》の産物《さんぶつ》であり、宇宙《うちゅう》に存在する様々な自然の作用には、それぞれ神秘的な生命すなわち神が宿っているという思想に端《たん》を発しています。

したがって真実の神とは、一つの人格や個性を指すものではありませんし、神社などに祭られて礼拝《らいはい》の対象《たいしょう》となるものでもありません。あくまでもすべての生き物を守り育《はぐく》むことに神の意義があるのです。この神の力が強ければ人々は平和で豊かに暮《く》らせるわけですが、仏法においては、神の作用は正しい法の功徳を原動力とし、これを法味《ほうみ》といい、諸天諸神が正法を味わうとき、仏の威光《いこう》と法の力を得て善神《ぜんじん》として人間を守り、社会を護《まも》る力を発揮《はっき》すると説いています。

次に仏についていいますと、仏典に説かれるたくさんの仏や菩薩《ぼさつ》たちも、ほとんどは歴史的に地上に出現したことはありません。身近《みぢか》なところでは、念仏宗《ねんぶつしゅう》の阿《あ》弥陀如来《みだにょらい》や真言宗《しんごんしゅう》の大日如来《だいにちにょらい》なども実在したことのない仏です。

ではなぜ架空《かくう》ともいえる仏や菩薩が経典に説かれたのかというと、インドに出現した釈尊は法界《ほうかい》の真理と生命の根源を説き明かすために生命に具《そな》わる働きや仏の徳を具象的《ぐしょうてき》・擬人的《ぎじんてき》に仏・菩薩の名をつけて表現されたのです。たとえば智慧《ちえ》を文《もん》殊菩薩《じゅぼさつ》、慈悲《じひ》を弥勒菩薩《みろくぼさつ》、病《やまい》を防《ふせ》ぎ癒《い》やす働きを薬師如来《やくしにょらい》・薬王菩薩《やくおうぼさつ》、美しい声を妙音菩薩《みょうおんぼさつ》というように、それぞれに名をつけられました。

これらの仏・菩薩は教主である釈尊の力用《りきゆう》を示すために説かれたわけですが、釈尊は厳然《げんぜん》とインドに誕生され、宇宙の真理を悟り、人々に多くの教えを遺《のこ》されました。釈尊の出現と経典に説かれる深義《じんぎ》に疑いを持つ人はいないでしょう。

この釈尊が究極《きゅうきょく》の教えとして説かれた法華経のなかに、末法に出現する本仏を予証《よしょう》されました。その予証とは、法華経を行ずるゆえに刀《かたな》や杖《つえ》あるいは瓦石《がしゃく》で迫《はく》害《がい》されること、悪口罵詈《あっくめり》されること、しばしば所払《ところばら》いの難に遭《あ》うこと、迫害者《はくがいしゃ》の刀が折《お》れて斬《き》ることができないなどのことですが、この予言どおりに、打ち続く大難のなかで民衆救済のために究極の本法たる文底《もんてい》の法華経を説き、未来永劫《みらいえいごう》の人々のために大御本尊を顕《あらわ》された御本仏こそ日蓮大聖人です。

日蓮大聖人は一人の人間としての人格の上に本仏の境界《きょうがい》を現実に示されたのです。

もしあなたが、仏は人間の姿をしたものではなく、金ピカの仏像や大仏そのものと考えて「そのような仏など実在しない」というならば、それはあまりにも幼稚《ようち》な考えであり、ためにするいいがかりというべきです。

３　宗教は精神修養《せいしんしゅうよう》に過ぎないのではないか

精神修養とは、精神を錬磨《れんま》し品性《ひんせい》を養《やしな》い人格《じんかく》を高めることですが、一般には心を静《しず》め精神を集中することをいうようです。

芸術やスポーツなどをとおして精神を磨《みが》き、人格を高めるならば、それは立派《りっぱ》な精神修養です。

数多い宗教のなかには、精神修養の美名《びめい》を看板《かんばん》にして布教《ふきょう》するものがあります。その代表的なものとして禅宗《ぜんしゅう》が挙《あ》げられます。

煩雑《はんざつ》な毎日《まいにち》に明け暮れている現代人にとって、心を静めて精神を集中する機会《きかい》が少ないためか、管理職《かんりしょく》や運動選手の精神統一の場として、あるいは社員教育の場として、座禅《ざぜん》が取り入れられているケースもあるようです。

では宗教の目的は精神修養にあるのかという点ですが、仏教では、精神を統一し心を定《さだ》めて動《どう》じないことを禅定《ぜんじょう》とか三昧《さんまい》といい、仏道修行《ぶつどうしゅぎょう》のための初歩的な心構《こころがま》えとして教えており、これが仏教の目的でないことはいうまでもありません。

また人格品位《ひんい》の修養についていえば、仏教のなかの小乗教《しょうじょうきょう》では、悪心悪業《あくしんあくごう》の原因は煩悩《ぼんのう》にあり、煩悩を断滅《だんめつ》して身も心も正《ただ》された聖者になることがもっとも大切であると説き、戒律《かいりつ》を守り智慧《ちえ》を磨くことを教えました。これを二乗《にじょう》（声聞《しょうもん》・縁覚《えんがく》）の教えといいます。しかし大乗教《だいじょうきょう》では、自分だけが聖者になっても他《た》を救おうとしないのは狭小《きょうしょう》な考えであり、思考《しこう》や感情に誤《あやま》りのない聖者でも、それだけでは真実の悟《さと》りではないと小乗教を排斥《はいせき》し、自他《じた》ともに成仏《じょうぶつ》を目指《めざ》す菩薩《ぼさつ》の道を示《しめ》しました。

そして究極《きゅうきょく》の法華経では、さらに進めて、仏が法を説く目的は、二乗や菩薩になることではなく、一仏乗《いちぶつじょう》といって衆生《しゅじょう》を仏の境界《きょうがい》に導《みちび》くことに尽《つ》きるのであると教えられたのです。これを開三顕一《かいさんけんいち》（三乗を開いて一仏乗を顕《あらわ》す）といいます。

もちろん仏教で説く二乗や菩薩の道が直《ただ》ちに現今《げんこん》の精神修養とまったく同じということではありませんが、少なくとも二乗や菩薩の教えの一部分に人格と品性《ひんせい》の向《こう》上《じょう》を計《はか》る精神修養の意義《いぎ》が含《ふく》まれているということができましょう。

釈尊は、

「如来《にょらい》は但《ただ》一仏乗を以《もっ》ての故に、衆生の為に法を説きたもう」

（方便品第二・法華経一〇三ジペー）

と説かれ、日蓮大聖人も、

「智者《ちしゃ》・学匠《がくしょう》の身と為《な》りても地獄《じごく》に堕《お》ちて何《なん》の詮《せん》か有《あ》るべき」

（十八円満抄・御書一五一九ジペー）

と仰《おお》せられるように、仏法の目的は精神修養などにとどまらず、成仏すなわち三世《さんぜ》にわたる絶対的《ぜったいてき》な幸福境界の確立《かくりつ》にあるのです。

したがって、禅宗などで精神修養を売りものにしていることは、教義的に誤《あやま》っているだけでなく、仏教本来《ほんらい》の目的からも大きな逸脱《いつだつ》を犯《おか》す結果になっているのです。

4 「さわらぬ神にたたりなし」で、宗教に近づかないほうがよいと思うが

「さわらぬ神にたたりなし」とか「参《まい》らぬ仏に罰《ばち》は当たらぬ」ということわざは、信仰とかかわりを持たなければ、利益《りやく》も罰も受けることはないとの意味ですが、一般には広く何事も近づかなければ無難《ぶなん》であるという意味に使われています。

たしかに間違《まちが》った宗教には近づかないほうが無難ですが、こと正しい仏法に対して、このような考えを持つことは誤《あやま》りです。

釈尊は、

「今此《いまこ》の三界《さんがい》は　皆是《みなこ》れ我《わ》が有《う》なり　其《そ》の中《なか》の衆生《しゅじょう》　悉《ことごと》く是《こ》れ吾《わ》が子なり」

（譬喩品第三・法華経一六八ページ）

と説かれ、世の中のすべては仏の所有《しょゆう》するところであり、人々はすべて仏の子供であるといわれています。いい換《か》えると、仏法とは文字どおり仏が悟《さと》られた真理《しんり》の法則《ほうそく》ということであり、私たちはだれ一人としてこの真理の法則から逃《のが》れることはできません。

仏教では宇宙《うちゅう》全体を指《さ》して法界《ほうかい》といいますが、日蓮大聖人は、

「法界一法として漏《も》るゝ事無し」（御義口伝・御書一七九八ジペー）

と仰《おお》せられ、仏が開悟《かいご》した法は宇宙法界に漏れなくいきわたっていると教えられています。

ですから信仰を持たなければ罰も当たらないというのは、警察署《けいさつしょ》に近づかなければ罰《ばっ》せられることもないということと同じで、幼稚《ようち》な理屈《りくつ》であることがわかるでしょう。

もし正しい仏法に近づかなければ、真実の幸福をもたらす教えを知ることができ

ないわけですから、それこそ日々の生活が、仏に背《そむ》き、法を破《やぶ》る悪業《あくごう》の積《つ》み重《かさ》ねとなっていくのです。

ましてや仏の慈悲《じひ》は人を救《すく》い善導《ぜんどう》するところにあり、たたりなどあるわけがありませんし、罰といっても、親が我が子を導《みちび》く手段《しゅだん》として叱《しか》ることと同じで、それも親の愛情の一分《いちぶん》であることを知らなければなりません。

その意味から考えても、罰が当たるから仏法に近づかないというのは、親や教師がうるさいからといって、こそこそ逃《に》げ回《まわ》っている子供と同じことで、およそ健全《けんぜん》な人間に育《そだ》つはずはないのです。

いかに自分では信仰と無縁《むえん》のつもりでいても、この世に生きている人はすべて、正しい教えによらなければ真の幸福を得られない存在《そんざい》であり、また仏の掌《たなごころ》の上で生きていることに違《ちが》いはないのですから、自《みずか》らの人生をより爽快《そうかい》なものとし、充実《じゅうじつ》したものとするため、一日も早く正しい仏法に帰依《きえ》することが大切なのです。

5　現実生活の幸福要件はお金が第一ではないか

私たちが日常生活を営《いとな》む上で、衣・食・住の全般《ぜんぱん》にわたってお金がたいへん重要で便利な役割《やくわり》を果《は》たしています。物品《ぶっぴん》の価値《かち》がお金に換算《かんさん》できることはもちろん、人間や機械の労力・能力、そして生命までが金銭で贖《あがな》われています。

そのためにお金をすべてに先行して価値あるもののように思い、幸福条件の第一に挙げる考えの人は少なくありません。

しかしどんなに貴重《きちょう》なお金であっても、所詮《しょせん》は人間社会によって産《う》み出された〝物〟であり、生活上の手段の一つに過ぎないのです。いい換《か》えれば、生きている人間そのものが主体者《しゅたいしゃ》で、金銭は人間によって考え出された流通《りゅうつう》上の約束《やくそく》ごとの一つであるということです。

これを間違《まちが》えて、人間がお金に使われたり振《ふ》り回《まわ》されるところにとんでもない悲《ひ》劇《げき》が生ずるのです。たとえば、お金をけちけちとためて満足な食事もせず、結局ためたお金を使うことなく餓《が》死《し》した老人がいました。また遺《い》産《さん》をめぐる親族間の争いが高《こう》じて殺人事件に発展した例、借金苦に追い詰《つ》められて殺人や強盗《ごうとう》に走る例もあれば、一家心中の例など、お金をめぐる悲惨《ひさん》な事件は毎日のように報道されていまず。これはお金というものが、私たちの生活に大きな比重《ひじゅう》を占《し》めている証《あかし》でもありますし、生死《せいし》にかかわるほど大きな影響力をもっている証左《しょうさ》でもあります。

同時にこれらの事例から、同じお金であっても、それを使う人間によって幸にも不幸にもなることがわかります。

つまり、お金は生活する上に必要なものですが、またお金によって不幸を招《まね》くこともあるということなのです。

ここに主体者である人間を確立しなければ、お金も財産も正しく活《い》かされないという道理を知るべきなのです。

日蓮大聖人は、

「蔵《くら》の財《たから》よりも身の財すぐれたり。身の財より心の財第一なり」

（崇峻天皇御書・御書一一七三㌻）

と仰《おお》せられています。

私たちにとって大切な財宝《ざいほう》はいくつかありますが、お金などの蔵の財よりも、健康な身体が大切であり、それよりも大切な宝が人間の根本となる心の財なのです。

お金は、現代の幸福になる条件の一つであることに違いはありませんが、それが幸福のすべてではありません。根本にある心の財を正しい信仰によって磨《みが》き、福徳《ふくとく》に満《み》ちみちた人間になったとき、初めて蔵の財（お金）にも恵《めぐ》まれ、それを正しく自在に使いこなしていけるのです。

せっかくためたお金や財産を不幸や悲劇の種にするか、幸福の種にするかは、その人の心と福徳によって決まります。

物心両面にわたる幸福な人生を築くためにも、まず正しい仏法に帰依《きえ》し、信仰に励むことから出発しなければならないことを知るべきでしょう。

6　学歴《がくれき》や社会的地位こそ幸福の要件ではないか

レッテル社会といわれる現代では、より安定した生活を送るためには有名校を卒業して大企業《だいきぎょう》や官公庁《かんこうちょう》に入り、重要ポストにつくことが幸福の要件と考えている人があります。

これについて二点から考えてみましょう。

第一の点は、はたして社会的な地位につくことが幸福の条件なのか、ということです。

最近、四十代、五十代の、いわば社会的に重要な地位にある年代のエリートが、仕事上の行きづまりや人間関係の悩みによってノイローゼになったり、自殺に走るケースが頻繁《ひんぱん》に起こっています。

現代の熾烈《しれつ》な競争社会のなかで責任のある地位につくことは、それだけ大きな負《ふ》担《たん》となり、身心ともに苦労も多くなることは当然です。

ではなぜ人々は苦労の多い地位を望《のぞ》むのでしょうか。その理由は、一つには人に負けたくない、人の上に立ちたいという本能的な願望《がんぼう》であり、もう一つには地位が向上すれば経済的に豊かになる、あるいは周囲から敬《うやま》われることなどを挙《あ》げることができるでしょう。

とはいえ、もし願いどおりの地位についたとしても、それに適合《てきごう》しない性格であったり、負担に堪《た》える人間的な能力がなければ、その人は苦痛《くつう》の毎日を送ることになるのです。

第二の点は、学歴至上《しじょう》主義がもたらす弊害《へいがい》と不幸がいかに大きいか、ということです。

たしかに一流大学を卒業した人は、それだけ幼《おさな》いころから勉学に励《はげ》んできた努力によって、能力的に優《すぐ》れています。深い学識と幅《はば》広い教養による英知《えいち》はいずこの社会や職場にあっても、知的資源《ちてきしげん》、人的資材《じんてきしざい》として重要視されることは当然でしょう。

しかしだれもが一流校に入《はい》れるわけではなく、ごくひとにぎりの人だけが許《ゆる》される狭《せま》き門を目指《めざ》して、苛酷《かこく》な受験戦争がくり広げられ、子供は友情を育《はぐく》むどころか、同級生を敵視《てきし》する状態《じょうたい》に追いやられています。

毎年、受験シーズンになると受験に失敗して自殺するという悲惨《ひさん》な事件が相《あい》つぎますが、幼いころから親や先生の「有名校に入る人は優秀、入れない人は敗北者《はいぼくしゃ》」という言葉を聞いて育ったならば、受験の失敗がそのまま人生の破滅《はめつ》になると考えるのは当然です。

まさに誤《あやま》った学歴偏重《へんちょう》の風潮《ふうちょう》が生む不幸の一面であり、その風潮のなかで育った子供は、またさらに学歴偏重の人生観を増幅《ぞうふく》していくのです。

このような教育制度や教育行政《ぎょうせい》のゆがみは、教育の部分だけを取り上げて改革《かいかく》しようとしても根本的な解決にはなりません。

なぜならば、教育問題は時代や社会機構《きこう》全体と深くかかわっており、さらには人生観・価値観《かちかん》ともつながっている事柄《ことがら》だからです。

釈尊は現代を予言して、末法は五濁《ごじょく》の時代であると喝破《かっぱ》されています。五濁とは時代が濁《にご》り、社会が乱《みだ》れ、人間の生命も思想も狂《くる》うことを指《さ》しており、その原因は誤った宗教にあると説いています。

したがって健全な人生観や社会思想は、一人ひとりが正しい宗教に帰依《きえ》し、しかも正法が社会に広く深く定着《ていちゃく》したときに醸成《じょうせい》されるのであり、真実の幸福は表面的な学歴や肩書きによってもたらされるのではなく、真実の仏法を信仰し修行することによってもたらされるのです。

以上の二点だけを取り上げてみても、学歴や社会的地位がそのまま個人の幸福の絶対的条件になるわけでもなく、社会の福祉《ふくし》につながるわけでもないことがわかるでしょう。

真実の幸福とは、いかなる負担や困難をも悠々《ゆうゆう》と解決して乗り越えていくところにあります。

個々の人間に生命力を与え、勇気と希望と智慧をもたらす道は、真実にして最勝の仏法を信仰し修行することに尽《つ》きるのです。

身につけた学識《がくしき》と教養、そして大きな責任を持つ社会的な地位、それらをより充実したものとし、より価値あるものとするために、正しい信仰が絶対に必要なことを知るべきです。

7　今が楽しければそれでよいではないか

「今が楽しければ」という言葉の響《ひび》きには、まったく将来《しょうらい》のことを考えず、苦しみを避《さ》けて、今の楽しみばかりを追い求《もと》めるというニュアンスが感じられます。

それは、おそらく、若い時の楽しみは若い時にしか味わえないという考えから、オートバイの爆音《ばくおん》や、ロックの喧騒《けんそう》のなかに我《われ》を忘れ、酒や歌、そしてダンス等に陶酔《とうすい》のひとときを過ごす若者たちに共通した考え方であると思います。

その反面、今の楽しみより将来の楽しみを目指《めざ》して、つらさに耐《た》え、少しでも自分の持てる能力や才能を伸《の》ばそうと、懸命《けんめい》な努力を重《かさ》ねている若者たちも、けっして少《すく》なくありません。

安易《あんい》に目前の快楽のみを求める若者たちの生き方は、蟻《あり》とキリギリスの寓話《ぐうわ》の教訓をまつまでもなく、苦労を続けながらも真剣に生きている多くの人たちに比《くら》べて、あまりにも人間として分別《ふんべつ》のない、しかも後《あと》に必ず苦しみと後悔《こうかい》をともなう生き方ではないかと思います。

だからといって、人間は若い時には何がなんでも苦労ばかりをして、楽しみなどを求めてはいけない、というのではありません。

青年の時代こそ、人生を真に楽しんで生きていくための基盤《きばん》を、しっかりと築き上げるときであるといいたいのです。

「楽しみ」というものの本質について、仏教では、五官《ごかん》から起こる欲望を五識《ごしき》によって満たし、意識（心）にここちよく感ずることであると明かしています。

五官とは、眼（視官《しかん》）・耳（聴官《ちょうかん》）・鼻（嗅官《しゅうかん》）・口（味官《みかん》）・皮膚《ひふ》（触官《しょっかん》）を指します。すなわち、眼にあざやかな色形《いろかたち》を見る楽しみ、耳にここちよい音や響《ひび》きを聞く楽しみ、鼻に香《かお》りのよいものを嗅《か》ぐ楽しみ、口中の舌においしいものを味わう楽しみ、皮膚（身体）にここちよいものが触《ふ》れる楽しみを欲《ほっ》するところを五欲《ごよく》といい、五官によって判断することを五識といいます。

要するに、人間の楽しみのほとんどは、この五欲の一つひとつが満たされるか、そのいくつかが同時に満たされるかの度合《どあ》いに応じて起こる情感《じょうかん》であることがわかると思います。

したがって、五欲そのものは、けっして悪いものではありません。しかしそこに、人間の煩悩《ぼんのう》（貪《とん》・瞋《じん》・癡《ち》などの迷い）が働きかけたとき、初めて五欲は無謀性《むぼうせい》を発《はっ》揮《き》し、欲望の暴走となって現《あらわ》れたり、意《こころ》のままに満たされない不満がつのって怒《いか》りを感じたり、落胆《らくたん》のあまり自暴自棄《じぼうじき》になったりして、自分や社会を破壊《はかい》してしまうことにもなりかねないのです。

五欲とは、ちょうど火のようなものだといえます。火そのものは、悪でも善でもありませんが、私たちの使い方如何《いかん》によっては、生活に欠かせない便利なものにもなる半面、不始末《ふしまつ》などがあれば、すべてのものを一瞬のうちに灰燼《かいじん》にしてしまう、ということにたとえられるでしょう。

いわば、一時の快楽を飽《あ》きることなく求める若者たちは、煩悩《ぼんのう》の働きがそれだけ旺盛《おうせい》だともいえましょう。その旺盛な煩悩の猛火《もうか》をそのまま自分の将来の幸福と社会に役立つ有益《ゆうえき》な火に転換《てんかん》させるところに、正しい宗教と信仰の持つ大きな意義があるのです。

8　宗教は思考をマヒさせ、人間を無知にするのではないか

宗教を信ずると、その宗教に没頭《ぼっとう》するあまり冷静《れいせい》な思考《しこう》能力や批判《ひはん》力、判断《はんだん》力がマヒして、自分なりの理性を持てなくなるのではないか、という危惧《きぐ》を持つ人がいます。

たしかに、なんらの教義を持たない低級な新興宗教をはじめ数多くの宗教は、たんに忘我《ぼうが》の境地《きょうち》や、あきらめることのみを教え、人間の思考力をマヒさせていきます。ここに邪《よこしま》な宗教の恐ろしさがあります。

しかし、正しい因果《いんが》の道理《どうり》を説く仏教、なかでも法華経の教えにおいては、〝聞《もん》思修《ししゅう》の三慧〟といって、仏道《ぶつどう》を成就《じょうじゅ》するためには正法をよく聞き、思惟《しゆい》し、修行

しなければならないと説いています。日蓮大聖人が、

「行学《ぎょうがく》の二道をはげみ候べし。行学たへ《絶》なば仏法はあるべからず」

（諸法実相抄・御書六六八ページ）

と教示《きょうじ》されるように、正しい教えにのっとり、修行と研学《けんがく》によって仏法の精神を求めることの大切さを説かれています。

また法華経を持《たも》つ者の功徳《くどく》の姿を示して、

「日蓮等の類《たぐい》南無妙法蓮華経と唱へ奉る者は明鏡に万像を浮かぶるが如《ごと》く知見《ちけん》するなり。此《こ》の明鏡とは法華経なり」（御義口伝・御書一七七六ページ）

と説かれています。すなわち正しい仏法を信ずることによって、生命の本源が活動し、物事《ものごと》を正しく知見できるというのです。反対に間違った宗教を信ずる者や正しい仏法を持たない者は迷える心、煩悩《ぼんのう》の生命から物を見、考えているために、すべてを正しく見ることができないのです。まさに「本心」を失っているようなもので

す。

これについて、大聖人は、

「本心と云ふは法華経の信心の事なり。失《しつ》と申すは謗法の人にすかされて、法華経を捨つる心出来《しゅったい》するを云《い》ふなり」（御講聞書・御書一八五七ジペー）

とも説かれています。ここでいう本心とは、世間的な迷いの凡智《ぼんち》ではなく、本仏本法によってもたらされる仏智《ぶっち》であり、人生においてもっとも大切な真実の幸福を確《かく》立《りつ》する仏界の心を指しているのです。

ですから、真実の仏法とは、本心たる智慧《ちえ》の眼《まなこ》を開かせ、正しい人生を歩ませるための英知《えいち》を、生命の根源から涌現《ゆげん》させるものであることを知るべきでしょう。

9　宗教が社会に評価《ひょうか》されるのは福祉《ふくし》活動だけではないか

「福祉」という言葉は〝幸福〟の意味ですから、広くいえば宗教の目的とも考えられます。しかし、ここでいう「福祉」は、困窮《こんきゅう》している人に物を恵《めぐ》み、飢《う》えた人に食《しょく》を与え、不自由な人の手助けとなり、慰《なぐさ》めるという、一般的な意味であろうと思います。

たしかに極端《きょくたん》な個人主義と利己《りこ》主義による、ぎすぎすした現代にあって、他人の幸せを願い福祉活動に奉仕《ほうし》することはきわめて尊いことであり、さらに広く深く社会に定着《ていちゃく》させていかなければなりません。政治や行政《ぎょうせい》の面からも福祉政策《せいさく》を強力に推進《すいしん》してほしいと願わずにはいられません。

しかし宗教の存在価値《かち》や目的が福祉活動への奉仕だけであると考えるのは、大《おお》いなる誤解《ごかい》です。なぜならば、宗教とりわけ仏法では、正法によって生老病死《しょうろうびょうし》の四苦《しく》を解決し、成仏という確固不動《かっこふどう》の安穏《あんのん》な境地に至ることを真実の救済とし、本来の目的としているのに対し、一般的な福祉活動はあくまで表面的、一時的な救済措置《そち》だからです。

また、もし宗教の存在価値が、人々に物を与え、不自由な人の手助けをし、悩める人を慰《なぐさ》めるだけで事足《ことた》りるというならば、仏がこの世界に出現し、苦難と迫害《はくがい》のなかで身命を賭《と》して法を説く必要があったのでしょうか。私たちが本尊を礼拝《らいはい》し、修行を積み、教義の研鑽《けんさん》をすることも、すべて不要となってしまうではありませんか。

真実の宗教とは正しい法を信仰することによって、生命の根源《こんげん》に光を当て、活力に満ちた仏の働きを湧《わ》き上がらせて、力強い人生を確立《かくりつ》することにその目的があるのです。

他人への親切や親への孝養といっても具体的な形態《けいたい》は様々です。仏法では人間を深く観達《かんたつ》した上で、孝養に三種ありと次のように説いています。

「孝養に三種あり。衣食《えじき》を施《ほどこ》すを下品《げぼん》とし、父母の意に違《たが》はざるを中品《ちゅうぼん》とし、功徳を回向《えこう》するを上品《じょうぼん》とす」（十王讃歎抄・平成校定三―二七八一㌻）

ここにも、物を与える孝養は下品であり、意にかなうことが中品、仏法によって功徳を回向（自ら修行した果報《かほう》を他に回《めぐ》らし向かわせること）することがもっとも尊《とうと》いことであり上品であると明かしています。

物を与え、慰労《いろう》するところの福祉活動が正しく実践《じっせん》され、持続し、実効《じっこう》を生むためにも、原点となる個々の人間に正しい智慧と活力を与える真実の仏法が必要なのです。

いい換《か》えれば、福祉活動をはじめ文化・社会・教育・政治などの各方面における活動、そして人間がなすすべての営《いとな》みの基盤《きばん》となり、根底にあって善導《ぜんどう》し、活力を与えていくのが正しい宗教なのです。

10 現実生活をさげすみ、偽善的《ぎぜんてき》態度をとる宗教者がきらいだ

世間の数多い宗教家といわれる人のなかには、表面はいかにも聖職者《せいしょくしゃ》らしく、俗界《ぞっかい》を超越《ちょうえつ》した仙人《せんにん》か生き仏のように振《ふ》る舞《ま》い、世俗《せぞく》の人々を見下《みくだ》した態度をとる人がいます。

とくにキリスト教や戒律《かいりつ》を重《おも》んずる宗教、新興宗教の教祖《きょうそ》と称する人にこの傾向《けいこう》が強いようです。

しかし本当にこの世に生きる身で、世間を超越することなどできるわけがありません。それこそ〝霞《かすみ》を食《く》って生きる〟ことなどできるわけがないのですから、もし世俗を超越したように振る舞ったり、現実生活をさげすむ宗教家がいたならば、その

人は明らかに偽善者であり、人々を欺《あざむ》いています。

涅槃《ねはん》経には、末代の僧侶について、

「持律《じりつ》に似像《じぞう》して少《すこし》く経を読誦《どくじゅ》し飲食《おんじき》を貪嗜《とんし》して其《そ》の身を長養《ちょうよう》し、袈裟《けさ》を著《ちゃく》すと雖《いえど》も猶猟師《なおりょうし》の細めに視《み》て徐《しずか》に行くが如《ごと》く、猫《ねこ》の鼠《ねずみ》を伺《うかが》うが如し」

と説かれています。この意味は、表面は戒律を持《たも》ち少々の経を読んでいるが、内心は飲食を貪《むさぼ》り、我が身だけを案じていることは、あたかも猟師が獲物《えもの》をねらって徐《じょ》行《こう》し、猫が鼠を伺っているようなものであるというのです。

また一方においては、表面上のつくろいもなく、初めから宗教を生活の手段とし、商売人になりきっている宗教家もいます。

この種の人は、自己の修行研学はもちろんのこと、民衆救済などまったく眼中《がんちゅう》になく、ただ欲心《よくしん》のみが旺盛《おうせい》な「葬式法事執行業《しっこうぎょう》」に堕《だ》しているのです。

これらの姿を見れば、宗教家をきらうのも当然であろうと思います。しかし宗教家のなかには堕落《だらく》している者もいれば、正法を護持《ごじ》し清潔高邁《せいけつこうまい》な人格と慈愛《じあい》を有《ゆう》する人もいます。一般の方でも同様《どうよう》に、周囲の信頼と尊敬を集める人とそうでない人がいます。この違いは何に起因《きいん》するのでしょうか。

日蓮大聖人は、

「法妙なるが故に人貴《にんたっと》し、人貴きが故に所尊《たっと》し」

（南条殿御返事・御書一五六九ジペー）

と仰《おお》せられ、人の尊卑《そんぴ》は受持《じゅじ》するところの法の正邪によると説かれています。初めは正しい心を持った人間でも、信ずるところの法が邪悪であれば、人間性も必ず濁《にご》ってしまいます。ですから、もしあなたが偽善的宗教家を忌《い》みきらうならば、その元凶《げんきょう》である邪教・悪法を恐れなければならないのです。

結論からいえば、末法という濁悪《じょくあく》の現時における真実の本仏は、法華経文底秘沈《もんていひちん》の大法を所持《しょじ》される日蓮大聖人にほかなりません。

大聖人は、

「日蓮は日本国の人々の父母ぞかし、主君ぞかし、明師ぞかし」

（一谷入道女房御書・御書八三〇ジペー）

と仰せられ、日蓮大聖人こそ、すべての人々を慈《いつく》しみ、守り、教え導く末法の仏であると明かされています。一切衆生を正道に導かんとする大聖人の慈悲の精神は、歴代の法主上人に受け継がれて日蓮正宗に伝えられています。

日蓮正宗は、小乗教のような戒律宗教でもありませんし、聖人君子《せいじんくんし》になるための宗教でもありません。本宗の僧俗《そうぞく》はともに正法たる大御本尊を信受《しんじゅ》し、行学《ぎょうがく》に励み、真実の平和と福祉社会の実現を目指《めざ》して日夜精進《にちやしょうじん》しているのです。

11　自己の信念を宗教としている

人はだれでもなんらかの信念を持って生きています。それも人生全般にかかわる信念もあれば、人生の部分に対する信念もあります。

たとえば「宵越《よいご》しの金は持たない」という人もいれば、「無駄遣《むだづか》いはしない」という人もいます。また「少々の熱や咳《せき》は働いていれば治《なお》る」と信じている人もいれば、「少しでも具合《ぐあい》が悪ければ医者に行くに限《かぎ》る」という人もいるというように、一人の人間の信念といっても、金銭面・健康面・教育面・職業面などにわたって多種多様《たしゅたよう》です。

しかもそれらの信念は、その時代や環境・年齢《ねんれい》などによって変化することも多いのです。

それは人間の心が常に揺《ゆ》れ動くものであり、その心によって生み出される価値観《かちかん》や信念が定まることなく変化するのは当然といえましょう。と同時に、私たち凡人《ぼんじん》の知恵や判断にはおのずから限界《げんかい》があることも当然です。

このような個人的な信念を宗教とする生き方が、はたして正しいのでしょうか。

「宗教」とは、真理を悟《さと》り究《きわ》めた聖者《せいじゃ》が、人々のために根本の正しい道を説き示して救済することを意味しています。

すなわち、正しい宗教とは法界《ほうかい》の真理を悟り究めた仏の教えであり、人生にとって不変の根本原理として、すべての人々を安穏《あんのん》な境界《きょうがい》に導くとともに、人間に勇気と希望と活力を与える源泉《げんせん》なのです。

したがって仏の説き示された教えと、個人の不安定な信念とは天地雲泥《てんちうんでい》の異《こと》なりがあるわけですし、これを同等《どうとう》に考えることは宗教の意義をまったく理解していないことになります。

個人の信念のみを強調して宗教を否定《ひてい》する人のなかには、「一定の宗教を持つと教義や規則《きそく》に拘束《こうそく》されて、画一的《かくいってき》な人生観や価値観を押しつけられ、人間の個性や自由が奪《うば》われるのではないか」と懸念《けねん》する向きもあるようです。

しかし日蓮正宗の教えは、あたかも様々な草木や花をすべて育《そだ》て養《やしな》う大地のように、一人ひとりの個性や信念を越《こ》えて、それぞれの人生を開発《かいはつ》し、開花させるものであり、けっして画一的な価値観や思想を押しつけるものではありません。

現実に日蓮正宗を信仰する人々は、家庭や職業・年齢・地域などによってそれぞれ異なった信念のもとで生活しておりますし、個性も抑圧《よくあつ》されるどころか、信仰に培《つちか》われて、より健全《けんぜん》に伸《の》びのびと発揮《はっき》しつつ社会のなかで活躍しています。

また日ごろはそれほど信念について固執《こしゅう》したり深く考えているわけでもないのに、こと宗教や信仰の議論《ぎろん》になると、とたんに取ってつけたように「自分は信念を宗教にしている」などと理屈《りくつ》を並《なら》べる人もいるようです。

いずれにせよ私たちの能力には限界があり、性格的な癖《くせ》もあれば欠点もあって、けっして完全ではありません。ときには思い違いや人生を狂わせる考えに陥《おちい》ることもありましょう。

あなたの信念をより正しく充実させ、しかも人生の上で立派に結実《けつじつ》させるためには、主体者《しゅたいしゃ》であるあなた自身が大地のごとき正しい仏法に帰依《きえ》し、信仰に励《はげ》むことが絶対に必要なのです。

12 宗教を持たなくても幸福な人はたくさんいるのではないか

幸福という概念《がいねん》は、人によって色々なとらえ方があるようです。一般には、健康とか、家庭円満とか、金銭的に恵まれているといったように、いわゆる、運がよく幸せなことや、心が満ち足りて楽しい状態《じょうたい》にあることを指して幸福というようです。

しかし実際に今、健康に、家庭円満に、そして裕福《ゆうふく》に見える人たちが、必ずしもそれらに満足《まんぞく》して楽しく生活しているとはいえない場合があるのではないでしょうか。

むしろ「珍膳《ちんぜん》も毎日食《く》らえば甘《うま》からず」とか「欲に頂《いただき》なし」といわれるように、

かえって、恵まれた生活に生ずる特有《とくゆう》の倦怠《けんたい》や不平不満、欲望《よくぼう》のぶつかりあいによる人間不信や争《あらそ》いなど、様々な不幸に苦しんでいるという例も、少なからずあるのです。

まれに、現在の恵まれた生活に満足している人があったとしても、人生の無常《むじょう》からは、どのような人もけっして逃《のが》れることはできません。

人生の無常とは、生《せい》あるものは死に、若きものは老《お》い、健《すこ》やかなるものも患《わずら》うなど、一切のものは生滅《しょうめつ》し変化して、しばらくも同じ姿を保《たも》つことができないとの意味です。

仏典には、カピラ城《じょう》の太子《たいし》として、優《すぐ》れた身体を持ち、あらゆる栄華《えいが》につつまれて暮《く》らしていた釈尊が、そのすべてを捨てて出家《しゅっけ》し、様々な修行のすえ、三十歳の時、菩提樹《ぼだいじゅ》の下で、ついに人生無常の苦を真に解決する法を悟《さと》られたと説かれています。

したがって、この世に人生無常の苦を真に解決して、生滅《しょうめつ》・変化に惑《まど》わされることなく、いかなる幸せをも自在《じざい》に顕現《けんげん》していく道は、正しい仏法に帰依《きえ》すること以外にはないのです。

それでもなお、あなたは「宗教を持たなくても幸福な人はたくさんいる」というのでしょうか。

それはまさしく「三重の楼《たかどの》の喩《たとえ》」（百喩経《ひゃくゆきょう》）に説かれている「富《と》みて愚《おろか》の人」と変わるところがありません。

そのたとえとは、あるとき、彼は他の富豪《ふごう》の屋敷《やしき》が立派《りっぱ》な三階建てであるのを見て、自分もそれにまさる建物を建てようと思い、すぐさま大工《だいく》さんを呼んで頼んだのです。

さっそく基礎《きそ》工事をして、一階を造り始めた大工さんに、不審《ふしん》を感じた愚かな富豪は「私は三階だけがほしいのだ、下の一、二階はいらないのだ」といい張《は》って、「一階を造らずに二階はできないし、二階を造らずに三階はできない」という大工さんのいい分《ぶん》を、最後まで聞かなかったという話です。

正しい宗教を持たない人の幸福は、この愚かな富豪の考えと、同じようなものといっても過言《かごん》ではありません。

しっかりとした土台の上にある建物は、どのような風に当たっても壊《こわ》されることがないように、正しい宗教を人生の基礎とし、土台としたときには、いかなる無常の苦しみや不幸という風にも、けっして壊されることのない幸福を築いていけるのです。

このように、人生における確固不動《かっこふどう》の真の幸福は、正しい宗教を正しく信仰することによってのみ、もたらされるのです。

13 人生の幸福とは努力以外にない

人生にとって、努力は極めて大切なものです。なんの努力もせずに、幸せな人生を築《きず》けるはずはありません。

しかしながら、努力といっても、ただ自分の思いつきで、がむしゃらに何事にも挑戦《ちょうせん》さえすればよいというものではありません。

たとえば、これから書道を習おうとするとき、立派《りっぱ》な先生について、習錬《しゅうれん》と努力を重ねる人は、着実《ちゃくじつ》に進歩することでしょう。

しかし、師《し》を求めず、自分の才能《さいのう》と、自分の信念で努力さえすればよいといって、ただ毎日書きなぐっているだけでは、上達《じょうたつ》することはできません。

このように、その努力をより価値《かち》あるものに実らせるためには、よき指導者の正しい教導《きょうどう》に従《したが》って努力してこそかなうのです。

ましてや意義ある人生、幸せな家庭、人生の充実した喜びを持つためには、その基本となる人生についての、最大にして最高の指導者である仏の教導に触《ふ》れるということが大切です。

私たちは人生の土台となる根もとに、真実の師である仏の教えを持《たも》ち、その上に幹《みき》となる自分自身の人格と人間性を磨《みが》きつつ、努力と精進《しょうじん》を重《かさ》ねるとき、初めて緑したたる大樹《たいじゅ》へと成長するのです。

日蓮大聖人は、

「蒼蝿《そうよう》驥尾《きび》に附《ふ》して万里《ばんり》を渡《わた》り、碧蘿《へきら》松頭《しょうとう》に懸《か》かりて千尋《せんじん》を延《の》ぶ」

（立正安国論・御書二四三㌻）

と仰《おお》せられています。すなわち、青ばえのような小さな虫でも、駿馬《しゅんめ》の尾《お》につくことによって万里を馳《は》せ、つる草も松の大木にかかることによって、天高く伸《の》びていくことができるのです。

このように私たちも、いかなる道を歩《あゆ》もうとも、正しい信仰を根木として努力を重ねるならば、正法の功力《くりき》によって福徳《ふくとく》の花が咲《さ》き、その努力が大きな実《み》を結《むす》び、真実の幸せな生涯《しょうがい》をまっとうすることができるのです。

14 道徳《どうとく》さえ守っていれば宗教の必要はない

道徳とは現実の社会に、善良《ぜんりょう》な人間として生きていくために、自《みずか》らを律《りっ》し、互いに守るべき社会的な規範《きはん》をいいます。

したがって社会生活上の正と不正、善と悪などの分別《ふんべつ》を心得て、自らの良心にも、社会的な規範にも恥《は》じることのないように生活していくことが大切です。

しかし、道徳はあくまでも、現実に生きている人間の一往《いちおう》の規範であって、それによって、先祖を救い、自らの罪障《ざいしょう》を消滅《しょうめつ》し、さらには未来の子孫の幸せをもたらすなどという力はありません。

つまり道徳は、今世《こんぜ》に生きる人々の生活を正し、人間性を高《たか》める意味での指針《ししん》とはなりえても、仏教のように、過去・現在・未来の三世《さんぜ》の因果《いんが》を説かず、三世にわたる一切の人々の救済《きゅうさい》とはなりえません。

日蓮大聖人は道徳と仏教の関係について、

「王臣《おうしん》を教へて尊卑《そんぴ》をさだめ、父母を教へて孝《こう》の高きことをしらしめ、師匠を教へて帰依をしらしむ」（開目抄・御書五二四ページ）

と仰せになって、道徳は仏法の先駆《さきが》けとして、その序分《じょぶん》の役割を果たすものだと記《しる》されています。

昔から人の守るべき道徳の一つとして「孝養《こうよう》」ということがよくいわれます。自分を生み、今日まで育ててくれた両親に対して、よく仕《つか》え、その恩に報《むく》いることは大切なことです。しかし、仏法における孝養とは、ただ親の言葉に従い、親にものを贈ったり、年老《お》いた両親の面倒《めんどう》をみるということにとどまらず、正法の功徳によって、両親をはじめとする一家・一族・一門の人々を、皆《みな》ともに救っていくというところに極まるのです。

したがって仏法では正法による孝養を「上品《じょうぼん》の供養」（もっとも勝《すぐ》れた供養）と名づけるのに対し、道徳における一般的な孝養は、いわば「下品《げぼん》の供養」（上・中より下位の供養）に当たるとされています。

大聖人は、

「法華経を信じまいらせし大善《だいぜん》は、我が身仏《ほとけ》になるのみならず、父母仏になり給ふ。上《かみ》七代下《しも》七代、上無量《むりょう》生《しょう》下無量生の父母等存外《ぞんがい》に仏となり給ふ（中略）『願はくは此の功徳を以《もっ》て普《あまね》く一切に及《およ》ぼし、我等と衆生《しゅじょう》と皆共《とも》に仏道を成《じょう》ぜん』」

（盂蘭盆御書・御書一三七七㌻）

と、正法を行ずる大善こそ、自ら仏の境地《きょうち》に至るのみならず、無量生の父母と、無量生の子孫を救う道だと教えられています。

このように正しい信仰をとおして自分を磨《みが》き、さらに世の中の人々を教化《きょうけ》して、正法の功徳を社会の一切《いっさい》の人々に及《およ》ぼし、ともどもに仏道を成就《じょうじゅ》することが、最高・最善の生き方となるのです。

15 無《む》神《しん》論《ろん》ではなぜいけないのか

無神論とは、信仰の対象《たいしょう》となる神や仏などの絶対的存在《そんざい》の事実と可能性《かのうせい》を否定《ひてい》する考えで、「無信論」と書く場合もあります。無信論といっても、信用とか信頼《しんらい》などの日常生活上の心理作用《しんりさよう》まで否定するのではなく、あくまでも宗教的な絶対者、あるいは絶対力《ぜったいりき》の存在を認《みと》めないということのようです。

また無神論者のなかには、一往《いちおう》、他人の信仰を認めて、「神や仏は、いると思う人にとっては存在するが、いないと思う人には存在しないものだ」と唯心的《ゆいしんてき》な主張《しゅちょう》をする人もいます。

たしかに、ほとんどの宗教で説く神や仏は現実にこの世に出現したこともなく、因果《いんが》の道理《どうり》に外《はず》れた空想《くうそう》の産物《さんぶつ》ですから、無神論を唱えることも無理からぬことかもしれません。

これに関《かん》しておもしろい話があります。あるキリスト教の教会で、全知全能《ぜんちぜんのう》の神について語り終《お》えた牧師《ぼくし》に向かって、一人の少年が尋《たず》ねました。「なんでも可能な全知全能の神様は、自分で持ち上げられない石を造《つく》れますか」と。牧師は返答《へんとう》に窮《きゅう》して口を閉じてしまったということです。

この話は、現実を離れ空想によって生み出された神が、いかに矛盾《むじゅん》に満《み》ちたものであるかを、短いなかに鋭《するど》く指摘《してき》しています。

しかし、だからといって無神論が正しいということではありません。無神論者と称《しょう》する人は、神や仏がまったく存在しないことを立証できるのでしょうか。少なくとも仏教に耳を傾《かたむ》け、仏典《ぶってん》を繙《ひもと》いたことがあるでしょうか。

もしあなたが自《みずか》らの狭小《きょうしょう》な体験や臆測《おくそく》をもって無神論を主張するならば、それはあまりにも単純《たんじゅん》な発想《はっそう》であり、はなはだしい無認識《むにんしき》の評価《ひょうか》であるといわざるをえません。

今、参考までに仏教の概要《がいよう》を説明しますと、仏教は今から三千年ほど前、インドに出現した釈尊によって説かれました。釈尊は当時流行していた超現実的《ちょうげんじつ》な絶対神を立てる宗教を邪義として排斥《はいせき》し、自《みずか》らの修行と思索《しさく》によって悟《さと》り究《きわ》めた法を五十年間にわたって諄々《じゅんじゅん》と説き、その最後に究極《きゅうきょく》の実教《じっきょう》たる法華経を宣説《せんぜつ》されました。その教えは、因果《いんが》の理法を基底《きてい》として、法界《ほうかい》の真理と人間生命の実相《じっそう》を開示《かいじ》するものであり、衆生《しゅじょう》が生老病死《しょうろうびょうし》の四苦《しく》を根本的に解決して真実の幸福境界《きょうがい》に至ることを目的としたものでした。そして法華経に予証《よしょう》されたとおりに末法の御本仏が日本に日蓮大聖人として出現されたのです。

日蓮大聖人は末法万年の衆生の苦しみを除き、幸せを与えるために、心血《しんけつ》を注《そそ》いで多くの教えを遺《のこ》すとともに、一切衆生《いっさいしゅじょう》成仏の法体《ほったい》として大御本尊を図顕《ずけん》されました。

この大聖人の仏法は、経文《きょうもん》に照《て》らし合わせ（文証《もんしょう》）、因果律《いんがりつ》や現実の道理に照らし（理証《りしょう》）、実際に信仰した結果を見ても（現証《げんしょう》）、一点の曇《くも》りもないもっとも正しい教えであることが立証《りっしょう》できるのです。

もしあなたが、仏の悟りや御本尊の功徳力《くどくりき》を信じられないというならば、謙虚《けんきょ》に仏法の教えを乞《こ》い、自ら仏道を求めるべきでありましょう。

日蓮大聖人の仏法が七百五十年間、厳然《げんぜん》と存在し、全世界にわたる多くの人々に生きる力と、喜びを与えていることはまぎれもない事実です。

この事実に目をつぶって、「この世に神や仏などあるはずがない、信じたくない」と無神論に固執《こしゅう》するのは、あまりに狭量《きょうりょう》というべきです。

大聖人は、無信《むしん》・無行《むぎょう》の者に対して、

「謗《ぼう》と云ふは但《ただ》口を以《もっ》て誹《そし》り、心を以て謗《そし》るのみ謗には非《あら》ず。法華経流布《るふ》の国に生まれて、信ぜず行ぜざるも即《すなわ》ち謗なり」（戒体即身成仏義・御書一〇ページ）と仰《おお》せられ、法華経を信仰しないことは、仏をそしり正法に背《そむ》く大罪《だいざい》であると、固《かた》く戒《いまし》められているのです。

第四節　迷信・俗信・占いなどを信じている人へ

１　霊《れい》をどのように考えるか

霊というと、すぐ幽霊《ゆうれい》とか悪霊《あくりょう》などを想像し、霊媒《れいばい》・心霊術《しんれいじゅつ》などが頭に浮かんできますが、はたして霊は存在するのか、また死後の生命はいったいどうなるのか、私たちには興味《きょうみ》のあるところです。

人が死んだら肉体は滅《ほろ》びるが、目に見えない霊魂《れいこん》が肉体を抜《ぬ》け出してどこかに存在するといった考え方から、幽霊やたたりなどが恐怖《きょうふ》の対象となり、一方では霊が神聖視《しんせいし》され、信仰の対象とされてきました。

しかし生命というはかり知れない不可思議《ふかしぎ》な現象は、仏法で説くところの三世《さんぜ》にわたる永遠の生命観によってのみ、真に説き明かすことができるのであり、これを単に唯心論《ゆいしん》と唯物論《ゆいぶつ》に分《わ》けたり、個体的存在としての霊魂説に基《もと》づいた考えでは、とうていその本質を正しくとらえることはできません。

仏教では三身常住《さんじんじょうじゅう》ということを説きます。三身とは、法報応《ほっぽうおう》の三身のことで、これを仏についていえば、法身《ほっしん》とは法界《ほうかい》の真理の法そのものであり、報身《ほうしん》とは因《いん》行《ぎょう》を修して仏果《ぶっか》を得たところの智慧であり、応身《おうじん》とは衆生の機に応じて出現する身をいいます。たとえ仏が入滅しても、真理の法や仏の智慧は当然のこと、衆生《しゅじょう》を救うという応身としての力用《りきゆう》（はたらき）は常に存在しているのです。これと同様《どうよう》に私たちの生命も境遇《きょうぐう》の差はあっても、三身を具《そな》えており永遠に存在するものなのです。

すなわち私たちの死後の生命は大宇宙《だいうちゅう》の生命とともに存在し、縁《えん》によってこの世に生じます。そしてその肉体は、過去世《かこせ》の業因《ごういん》をもとに、宇宙の物質をもって形成《けいせい》されています。一生が終わり、死に至ったとき、その肉体は分解《ぶんかい》され、また、もとの宇宙の物質へともどります。生命もまた大宇宙の生命と渾然一体《こんぜんいったい》となり、永遠に生死をくり返すのです。

死後の生命についていえば、大宇宙の生命に冥伏《みょうぶく》した死後の生命は、過去世の業因によって十界《じっかい》のそれぞれの業《ごう》を感じ、苦楽を得ていますが、特にその苦しみや強い怨念《おんねん》、または過去の執着《しゅうちゃく》などは生きている人間に感応《かんのう》し、人によって、まれには言葉が聞こえたり、物が見えるといった種々の作用を感ずるのです。普通はこれを霊魂の働きと考えているようですが、どこまでも感応によるものなのです。

この感応は、死後の生命だけでなく、生きている人からも故人《こじん》に影響を与えます。そこで各寺院における塔婆《とうば》供養などの追善《ついぜん》供養が行われるわけです。遺族《いぞく》の強い信心と御本尊の功力《くりき》によって、亡くなった人の生命を成仏させることが追善供養の真の意義であり、それは感応妙《かんのうみょう》の原理によるのです。

以上説明してきたことからも、通常《つうじょう》いわれるような特別な霊魂や個体としての幽霊などは、実際には存在しません。生といい死といっても一つの生命における変化に過ぎないのです。

なお、本宗寺院の追善供養で、「だれそれの霊」として回向《えこう》を行いますが、この場合の霊も死者の霊魂《れいこん》をいうのではなく、死後の生命全体を指しているのです。そのほか、日蓮大聖人の御書中にも幽霊《ゆうれい》とか悪霊《あくりょう》という言葉が使われていますが、これらは死者の生命を指しての言葉であり、また大聖人の心、生命を指して魂といわれている箇所《かしょ》もあります。

今日《こんにち》、私たちにとって、何よりも大切なことは、正法を信仰し善因《ぜんいん》を積みかさねていくことです。これこそ永遠の幸福を築《きず》く最高の方法なのです。

2　悪霊《あくりょう》のたたりはあるのか

私たちの生命は永遠であり、生といい死といっても、それは同じ宇宙法界《うちゅうほうかい》の生命体のなかにあって、一個の生命体として生ずるときと、死して法界に冥伏《みょうぶく》するときの違《ちが》いがあるに過ぎません。

かつて、人々は不幸や災害《さいがい》があると、それが特別な霊魂《れいこん》（悪霊）によってもたらされたものと信じ、悪霊を恐《おそ》れるあまり、これを神としてまつり、そのたたりを鎮《しず》めようと考えました。

しかし仏法では因果律《いんがりつ》が根底《こんてい》となって一切の人々の救済が説かれております。すなわち、過去の行為《こうい》が因《いん》となって報《むく》い（結果）をもたらすのです。悪い因を作れば必ず悪い果報《かほう》があり、善因《ぜんいん》には善果《ぜんか》があるのですが、つい自分の過去の因を知らずに悪い結果を見ると、それをたたりと考えてしまうのでしょう。

たしかに、死後の生命の状態《じょうたい》が、ときには生きている人に感応《かんのう》することもあり、また故人《こじん》の受けた十界《じっかい》の業果《ごうか》が遺族《いぞく》などに、なんらかの影響を及《およ》ぼすこともありますが、それはあくまでも因果応報《いんがおうほう》によるもので、たたりや呪《のろ》いとはまったく違うものであることを知るべきです。

そのほかにも、私たちの意識ではとうてい説明のできない不思議《ふしぎ》な現象《げんしょう》はたくさんあるでしょうが、それらのすべてを究《きわ》めることは、凡夫の私たちにはとうてい不可能なことです。

ですから、これらのものをむやみに恐れることは誤りであり、これらを悪用《あくよう》する低級な宗教や思想に惑《まど》わされることは自らの悪業《あくごう》を作ることになるのです。

私たちは、宇宙法界を貫く成仏の一法である大御本尊を信仰することによってのみ、自分自身はもとより、故人の苦しみを消滅し、ともどもに永遠の幸福を築き上げることができるのです。

3　霊媒《れいばい》に頼《たよ》ってよいのか

霊媒は人間と死者の霊を媒介《ばいかい》する者で、わが国では青森県恐山《おそれざん》の〝いたこ〟が有名です。

この〝いたこ〟は依頼者《いらいしゃ》の求めに応じて神がかりとなり、口寄《くちよ》せによって死者の思いを伝えたり、その心をなぐさめる役割《やくわり》をしているのですが、最愛《さいあい》の人を失った遺族《いぞく》にとって、故人《こじん》が今何を考え、どういう状態《じょうたい》であるかを知りたいと思うのは、人情として無理《むり》からぬことといえるでしょう。

文明の発達した今日、なお霊媒が存在し、口寄せなどが続けられている現実は、死者への思いはいつの時代にあっても変わらないという証《あかし》でもあろうと思われます。

たしかに、故人の声をもう一度聞くことができれば、遺族の気持ちは休まるかもしれませんが、死者の気持ちを知ったところで、その深い苦悩《くのう》を消し去ることも、悲しみに打ちひしがれた心を真になぐさめることもできないのです。

それはあたかも、釈尊の弟子である目連尊者《もくれんそんじゃ》が、小乗《しょうじょう》の悟りによって得た神通《じんづう》力《りき》で、餓鬼道《がきどう》に堕《お》ちて苦しむ母親を救おうとしても救うことができなかった故事《こじ》と同じです。

結局、目連尊者は法華経を信じ南無妙法蓮華経と唱えたとき、初めて母親を成仏に導《みちび》くことができたといわれています。

仏教には感応道交《かんのうどうこう》の原理が説かれており、仏と衆生《しゅじょう》との間に相《あ》い通《つう》じて感じ応ずる働きがあるといわれます。これを悪用《あくよう》したのが霊媒信仰なのですが、仏の教えを除外《じょがい》して単《たん》に迷いの衆生と死者が感応したからといって、真の救いになるわけではありませんし、かえってともに苦しむ結果になるのです。

ましてや現在の霊媒や〃いたこ〃と称《しょう》する者のほとんどは、それを商売の手段《しゅだん》としているだけで、死者と感応する力はないのです。

いずれにせよ、このような霊媒は、仏法本来の目的から逸脱《いつだつ》した邪道《じゃどう》なのですから、頼《たよ》ってはいけません。

４　超能力《ちょうのうりょく》を信ずることは宗教なのか

一般的に超能力とは、普通の人間の五官《ごかん》ではなしえない力を指《さ》していいますが、本来十界《じっかい》の生命を具《そな》えている人間が、周囲の縁《えん》や修錬《しゅうれん》によって、特別な能力を持ったとしても少しも不思議《ふしぎ》ではありません。

仏教では、これら超能力のことを「神通力《じんづうりき》」あるいは単《たん》に「通力」と呼び、これを五通《ごつう》と六通《ろくつう》に分《わ》けて説明しています。

五通とは、①自在《じざい》に移動《いどう》できる力、②透視《とうし》する力、③普通の人の聞こえない音を聞く力、④他人の考えを知る力、⑤自他の過去世《かこせ》の相《すがた》を知る力をいい、六通とはこれに煩悩《ぼんのう》を取り去る力を加《くわ》えたものを指します。

こうしてみると現代の超能力者のなかには、仏教でいう五通の一分《いちぶん》を持った者もいるということができましょう。

この通力については、御書にもたびたび示されており、なかでも古代インドの外道で、十二年間、恒河《ごうが》の水を耳のなかにとどめたという阿伽陀仙人《あかだせんにん》や、一日のうちに四海の水を飲みほすという耆兎《ぎと》仙人などが知られていますが、これら外道の仙術《せんじゅつ》は深く宗教と結びつき、幻術《げんじゅつ》といって催眠《さいみん》術を用いて人々の目を眩惑《げんわく》させるものもありました。

現実に通力や超能力を持っている人はいるかもしれませんが、その能力の存在そのものは別に宗教ではありません。しかし、超能力を売り物にした行者とか祈祷師《きとうし》などの教えを信じて、その通力に頼っておうかがいをたてたり、悩みを解決しようとする行為《こうい》が誤《あやま》った信仰になるのです。

日蓮大聖人は、

「利根《りこん》と通力とにはよるべからず」（唱法華題目抄・御書二三三ジペー）と仰《おお》せになっています。利根とは、鋭利《えいり》な五根《ごこん》（眼根《げんこん》・耳《に》根・鼻《び》根・舌《ぜっ》根・身《しん》根）を具えることであり、普通では見えないものを見、聞こえない音を聞き取るなどの能力を持つ人をいいます。

通力とは前にのべた五通、六通の特殊《とくしゅ》な力をいいます。大聖人はこれらの利根や通力には人間の生命を浄化する力はまったくなく、かえって正しい仏法を見失《みうしな》わせ、成仏への障害《しょうがい》となるために、これらに頼ることを厳《きび》しく禁《きん》じられているのです。

ただし、こうした一般の超能力とは違った真の通力について、法華経寿量品第十六には「如来秘密神通之力《にょらいひみつじんづうしりき》」と説かれております。この神通力とは、悪業深重《あくごうじんじゅう》の衆生《しゅじょう》をも必ず成仏せしめるという、仏のみが持つところの究極《きゅうきょく》の功徳力《くどくりき》をいいます。

大聖人は、

「成仏するより外《ほか》の神通と秘密とは之《これ》無きなり」（御義口伝・御書一七六六《ペー》《ジ》）

と仰せです。

末法においては、御本尊を信じ南無妙法蓮華経と一心《いっしん》に唱えることにより、即身《そくしん》成仏《じょうぶつ》が遂《と》げられるのであり、これこそ真実の如来の秘密、神通の力なのです。

5　念力《ねんりき》とは何か

「念力岩《いわ》をもとおす」ということわざがありますが、一般には念力といえば、心を一つにして願うことによって、他者《たしゃ》に対して特別な力を発揮《はっき》することを指しています。

ひところいかがわしい念写《ねんしゃ》やスプーン曲《ま》げが話題になりましたが、心という精神作用がそのまま物質に影響《えいきょう》を与える現象は、現代の物質偏重《へんちょう》主義の一部の人々に少なからずショックを与えたのかもしれません。しかし念力自体は心の働きですから、普通の人間でも多少は持っているものですが、だからといって実際に現象を起こせる人がこの世にどれほどいるかといえば、はなはだ疑問《ぎもん》です。

こうした超能力ともいうべき念力を用いた話は古くからあり、たとえば山岳《さんがく》宗教の修験者《しゅげんじゃ》が念力によって何百メートルも離《はな》れたローソクの火を消したりして、あたかも霊験《れいげん》あらたかのように人々を思い込《こ》ませる手段《しゅだん》としたこともありました。しかしよく考えてみると、このような特殊《とくしゅ》な、しかも見せ物まがいの念力が、私たちの生活や人生によい影響を与えることはなく、むしろなんら必要としないものです。

では、仏教では念力についてどのように説いているのでしょうか。維摩《ゆいま》経などには成仏を目指《めざ》す修行の障害《しょうがい》を対治《たいじ》する力として五力が説かれています。五力とは信《しん》力《りき》・精進力《しょうじんりき》・念力《ねんりき》・定力《じょうりき》・慧力《えりき》をいい、このなかの念力とは憶念《おくねん》の力ということです。簡単《かんたん》にいえば、仏の教えや本尊・修行などをしっかり心に記憶《きおく》して忘れない働きです。

また仏典《ぶってん》には、

「若《も》し念力堅強《けんきょう》なれば五欲《ごよく》の賊中《ぞくちゅう》に入《い》ると雖《いえど》も害《がい》せられるところなし」

（遺教《いきょう》経）

とあり、仏法僧《ぶっぽうそう》を念ずる力によって、いかなる魔縁《まえん》にあっても紛動《ふんどう》されることなく、仏道を成ずることができると説かれているのです。正しい仏法によって真の幸福を目指す私たちは、迷いの人間による表面的な念力などに惑《まど》わされることなく、御本仏日蓮大聖人の教えを心にしっかり持《たも》ち、御本尊に日々唱題することが真実の念力であることを知るべきです。

6　人相《にんそう》・手相《てそう》などはどのように考えるべきか

人相術や手相術は今から数千年前に、古代インドに発祥《はっしょう》したといわれています。私たちの目に映る姿《すがた》、形《かたち》の特徴《とくちょう》から過去のできごとや、将来の吉凶《きっきょう》を判断《はんだん》するのが人相・手相などの観相術《かんそう》です。

私たち人間の生命は、色心不二《しきしんふに》といって肉体と精神が一体のものですから、心に大きな悩みや心配ごとがあれば、具体的に色法として相《すがた》にあらわれます。また内臓《ないぞう》などに疾患《しっかん》があればもちろんその特徴が出てきますし、本人の生活信条や性格なども、長い間には姿、形にあらわれてくるものです。

したがって、表面の人相や手相からその人の性格や健康状態を推測《すいそく》することは、それほどむずかしいことではありません。さらにそれをもとにして将来の予想《よそう》もある程度できるかもしれません。

そのほかにも、過去のできごとなど、およそのことを言《い》い当《あ》てる占《うらな》い師もおりますが、だからといって将来を間違いなく見ることができるとは限りません。わらにもすがる気持ちで占い師に見てもらう人にとっては、過去が当たったということですっかり信じ込み、未来の予言《よげん》をうのみにしてしまうのでしょうが、これは、実にあさはかなことなのです。日蓮大聖人が心地観経を引いて、

「過去の因《いん》を知らんと欲《ほっ》せば、其《そ》の現在の果を見よ。未来の果を知らんと欲せば、其の現在の因を見よ」（開目抄・御書五七一ページ等）

と記《しる》されているように、現在はまさしく過去の結果であり、未来は現在の果報があらわれるのです。したがって、自分の未来を占い師などに問《と》い尋《たず》ねて一喜《いっき》一憂《いちゆう》するよりも、現在の自分が将来の幸福のために正しい因行《いんぎょう》を積《つ》んでいるかどうかを考え

ることがもっとも大切なのです。

7　家相《かそう》・墓相《ぼそう》について知りたい

ここでいう家相・墓相は家や墓の位置《いち》・方角《ほうがく》・構造《こうぞう》などから、その吉凶《きっきょう》や住む人の幸・不幸を占《うらな》うという意味でありましょうが、その因果《いんが》関係や科学的根拠《こんきょ》はまったくありません。まして今日《こんにち》のように住宅事情が思うようにならない状況下《じょうきょうか》で、台所はどの方角に作ってはいけないとか、トイレはどの位置、玄関はどの向《む》きといったところで、それらの条件をすべて満《み》たすことなど不可能《ふかのう》なことです。

たとえば新しい家を建《た》てる場合、その地形《ちけい》や方角、通気性《つうきせい》など、それぞれの生活用途《ようと》に応じた構造を考えなくてはなりません。しかし、これは設計上《せっけいじょう》当然のことであって、あらためて家相を持ち出すまでもありません。

世の中には、占い師が凶相《きょうそう》と判断する家や墓地を持った人は、大勢いることでしょうが、その人たちすべてが不幸になったという話は、いまだかつて聞いたことはありません。それよりも占いの言葉を信じたために、かえって不安な毎日を送る場合のほうが多いのです。このような迷信は、知る必要もなければ気にする必要もないのです。

仏法には「依正不二《えしょうふに》」ということが説かれています。これは簡単にいうと、正報《しょうほう》（中心）となる人間と、それを取り囲《かこ》み、正報によって影響される依報《えほう》（環境《かんきょう》世界）とが一体だということです。これは正報たる人間があくまでも中心になるということですから、いかに立派《りっぱ》な御殿《ごてん》のような家でも、なかに住む人が掃除《そうじ》ぎらいならば汚《よご》れた家になるでしょうし、方角が悪いといわれる家でも福徳のある人が住むならば家も安泰《あんたい》となり、正法を持《たも》つ人が住む家ならば信心によって常寂《じょうじゃっ》光土《こうど》の家ともなるわけです。

これについて日蓮大聖人は、

「衆生の心けがるれば土《ど》もけがれ、心清ければ土も清しとて、浄土《じょうど》と云ひ穢土《えど》と云ふも土に二つの隔《へだ》てなし。只《ただ》我等が心の善悪によると見えたり」

（一生成仏抄・御書四六ページ）

と仰《おお》せられています。しょせん家や墓などは正報たる私たちの心や人格がそのまま反映《はんえい》する依報の一分《いちぶん》なのです。

私たちが福徳を身に具《そな》え、正法をしっかり護持《ごじ》し、精進《しょうじん》するとき、初めて依正ともに成仏の境界《きょうがい》に至るのです。

8 大安《たいあん》・仏滅《ぶつめつ》・友引《ともびき》などの吉凶《きっきょう》は現実にあるのか

カレンダーの日付《ひづけ》の欄《らん》のところに、大安とか仏滅といった文字をよく見かけますが、これについてはっきりとした認識《にんしき》を持っている人は極めてまれでしょう。

これは六曜《よう》といって、先勝《せんしょう》・友引・先負《せんぷ》・仏滅・大安・赤口《しゃっく》からなる一種の占《うらな》いです。

もともと中国で時刻の吉凶《きっきょう》占いとして使われていたものが、室町時代の末期《まっき》に日本に伝えられ、その後次第《しだい》に手を加えられて、江戸時代中期に現在の形になりました。

それ以来、広く社会に定着し、現在では種々の行事を決める上で用《もち》いられることが多いようです。

たとえば、葬式を友引に行《おこな》うことは友を引くからといってこれをきらい、婚礼《こんれい》などの祝いごとは仏滅をさけて大安を選ぶというのが一般化された考えとなっています。

しかし友引は本来、先勝と先負の間にあって「相打《あいう》ちともに引きて勝負なし」のよくも悪くもない日の意であって、今日的な意味合《あ》いはまったくなく、単《たん》なる語呂《ごろ》合わせにしか過ぎませんし、仏滅も物滅《ぶつめつ》からきており、仏教とはなんの関係もないのです。

六曜の決め方は、旧暦《きゅうれき》の日付を機械的に割《わ》り振《ふ》っただけの極めて単純《たんじゅん》なもので、旧暦の一月一日を先勝、二月一日を友引、三月一日を先負というように、毎月一日《ついたち》を六曜順にあらかじめ配当《はいとう》し、二日《ふつか》からは順送りとして月が終わればそこで切り捨てるという方法なのです。

したがって、旧暦では日付と六曜が毎年同じでしたが、新暦《しんれき》になってからは、新旧のズレによって変化が生じ、人々の興味《きょうみ》を引くようになったと思われます。

このように六曜は、旧暦の日付にただ順次《じゅんじ》割り付けしただけのものですから、これを根拠《こんきょ》にして日々に吉凶をつけて占うことはまったくナンセンスなことです。

9　姓名判断《せいめいはんだん》をどう考えたらよいのか

とかく占《うらな》いというものは、当たった部分だけが誇張《こちょう》され、はずれた場合はあまりこだわらない傾向《けいこう》が強いようです。

なかでも姓名判断はよく当たるという人もいますが、はたしてどうでしょうか。

いくつか挙《あ》げられた占いのうち一つでも該当《がいとう》すれば、当たったように錯覚《さっかく》しがちですが、裏《うら》を返《かえ》せばそれ以外は皆《みな》はずれているということになります。

ある姓名判断の本には、

「漢字そのものには命が込《こ》められてあって、人の運命をも作り上げる。そしてその運命は名前がつけられたときからスタートしていく」

といっています。

しかし、人の運命が名前をつけられたときにスタートするというのであれば、名前がつけられる前に死んでしまう子供や、不幸な境遇《きょうぐう》のもとに生まれた子供はどのように解釈《かいしゃく》したらよいのでしょうか。

また名前によって運命が決定されるならば、同姓同名《どうせいどうめい》の一人が総理大臣になれば、そのほかの人も同じ地位につくはずですし、反対に一人が不幸な人生を送れば、同姓同名の人も同じようでなければならないはずです。

これについて、先の本には「成功・不成功の違いは、職業の選択《せんたく》や環境（人間関係）によって決まる」と弁明《べんめい》していますが、職業と環境にめぐまれることが成功の条件だというのは至極当然《しごくとうぜん》の話でありますし、今さら姓名判断をまつ必要もないということになります。

これらのことからみても、姓名判断の根拠《こんきょ》が実にあいまいであることがわかるでしょう。

また姓名判断の方法をみると、画数《かくすう》によって占うのが一般的で、字画《じかく》の数え方も流派《りゅうは》によってそれぞれ違うといわれています。

たとえば、くさかんむりの字画は、三画、四画、六画など、数え方がまちまちですし、さんずいも、三画、四画というように様々です。そうしますと、同じ人を占うにしても画数が違えば当然異なった判断が出てきますから、これではいったいどちらを信じればよいのか、これほどいいかげんな占いはないということになってしまうのです。

歌手などがデビューするときに、姓名判断の専門家に依頼《いらい》して、よい名前を選んでつけることがあるようですが、毎年多くの新人が出ても、スターになる人はほんのわずかで、ほとんどは消え去ってしまいます。この現実は姓名判断がいかにあてにならないか、という見本であろうと思います。

人間の一生は姓名によって決まるものではありません。まして改名によって幸福を得られるものでもないのです。

私たちの生命は、三世《さんぜ》にわたる因果《いんが》の理法に基《もと》づいているのです。現在の果報《かほう》は過去の因によるものであり、未来の果報は現在の因によってもたらされるのであって、私たちが永遠の幸福を求めるのであれば、その正しい因がなければ絶対にかないません。この正しい因こそ妙法の修行であり、御本尊を信受する以外に真の幸福はありえないということなのです。

10　八卦《はっけ》、星占《うらな》いなど多くの占いがあるが、どのように考えたらよいのか

人はだれしも未来を知りたいと願い、幸福を得たいと望《のぞ》みますが、そのもっとも手近《てぢか》にある方法が占いであるといえます。

しかしながら占いで将来を正しく見極《みきわ》め、幸福な家庭を築き上げた人が世の中にどれほどいたでしょうか。

努力なしに望みをかなえようとしたり、実力以上のものを無理に求めようとするところに、悲劇《ひげき》や破綻《はたん》が起こるのであって、占いを信じ、安易《あんい》に自分の人生を賭《か》けてしまうことほど危険《きけん》なことはありません。

初めは遊び程度《ていど》のつもりが次第《しだい》に夢中《むちゅう》になり、ついには占いなしでは身動《みうご》きがと

れなくなってしまったという例もあるように、占いを信じたことによってかえって苦悩《くのう》を増《ま》す結果が多く、むしろ占いには近づかないほうが賢明《けんめい》であろうとさえいえます。

占いは、古くは易学《えきがく》による八卦見《はっけみ》が有名ですが、今日《こんにち》ではそのほか多くの種類があります。たとえば、現在人気のある星占いは、ロマンチックなイメージからか、特に若い女性の間ではもてはやされているようですが、その主流であるホロスコープ占星術《せんせいじゅつ》の原点ともいうべき「テトラビブロス」の著者《ちょしゃ》は、

「占星術は天文学の応用《おうよう》で、天文学ほど確実性のあるものではけっしてない」

と述べています。このように星占いは、学問的に確実性のない占星術を基礎《きそ》としているのですから、極めて不完全なものなのです。星占いが広まること自体《じたい》、現代社会の刹那的《せつなてき》な風潮《ふうちょう》を反映《はんえい》しているといえましょう。

星占いをはじめとする占いはすべて運命学《うんめいがく》が根底《こんてい》となって組み立てられているの

ですが、基本となる運命学そのものは、学問というにはほど遠く、人間の運命を本人の努力と関係なく、生まれつき定《さだ》まったものとみる非現実的なものに過ぎません。

したがってすべての占いは、非合理的《ひごうりてき》な運命論から発《はっ》しているのですから、自然科学が発達すればするほど、その欠陥《けっかん》が明白《めいはく》になってくるでしょう。

明るく幸福な生活は、正しい信仰を根本に自分自身で築くものであり、それは御本尊を信ずる功徳によって初めて実現《じつげん》できるのです。

11　守護霊《しゅごれい》や守護神《しゅごじん》はいるのか

最近、霊能者《れいのうしゃ》や神霊研究家《しんれいけんきゅうか》と称《しょう》する人たちが守護霊などに関する本を書き、そうしたものがベストセラーになったり、マスコミでも取り上げられたりしています。

今、彼らの主張《しゅちょう》によりますと、人間にはどんな人にも、その背後《はいご》に守護霊や背後霊が具《そな》わっていて、一人ひとりの人間がどのような人生を生きるかを見守り、霊《れい》界《かい》から助け指導するのだといいます。そうしてこの守護霊をないがしろにしたり感謝を怠《おこた》ったり、また先祖の浄霊《じょうれい》をしないから、我が身や家庭に災《わざわ》いが起こるというのです。

しかし我々凡夫《ぼんぷ》には過去世《かこせ》のことや未来のできごと、また死後の世界のことなどを実体験《じったいけん》をとおして明らかにすることはできませんし、また見ることもできません。したがって、ついそうした霊能者の言葉に惑《まど》わされてしまう人が多いのです。

けれども霊能者や神霊研究家が、どんなに不思議《ふしぎ》な神霊や霊能の話をしても、それはあくまでも因果《いんが》の理法《りほう》を無視《むし》した夢想《むそう》・想像《そうぞう》の産物《さんぶつ》であり、仏法の上からみれば彼らのいうような、その人の運命《うんめい》を支配する守護霊や守護神などというものはまったく存在しないのです。

したがって、実生活における守護の働きについては、委細《いさい》に三世《さんぜ》を知る仏の教《きょう》示《じ》を仰《あお》ぐべきです。

日蓮大聖人の教えは、久遠元初《くおんがんじょ》以来《いらい》、末法万年の遠き未来に及《およ》ぶ三世の一切《いっさい》を了《りょう》達《だつ》された本仏の教えであり、一閻浮提第一《いちえんぶだいだいいち》の智者《ちしゃ》の指南《しなん》なのです。

その大聖人の教えによりますと、三世十方《さんぜじっぽう》のありとあらゆる仏、諸天善神《しょてんぜんじん》はすべて久遠元初の本仏の垂迹《すいじゃく》であり、従者《じゅうしゃ》であるといわれています。それゆえに、諸天善神は妙法蓮華経の正法を守り、法華経の行者を守護し、正法に帰依する人々の身の上や生活の上に、社会や国土の上に、正法興隆《こうりゅう》のために、善神《ぜんじん》としての働きを垂《た》れるのです。

法華経には、

「諸天昼夜《しょてんちゅうや》に、常《つね》に法《ほう》の為《ため》の故に、而《しか》も之《これ》を衛護《えいご》す」

（安楽行品第十四・法華経三九六ジペー）

「能《よ》く是《こ》の経《きょう》を持《たも》たんを以《もっ》ての故に　諸仏皆歓喜《しょぶつみなかんぎ》して　無量《むりょう》の神力《じんりき》を現《げん》じたもう」（神力品第二十一・法華経五一五ジペー）

と説かれています。

私たちは何よりも妙法蓮華経の本門の本尊を信じ、題目を唱えることによって、一切の諸天善神の守護の力を得ることができるのです。

12 水子《みずご》のたたりはあるのか

「水子のたたりを慰《なぐさ》める」ためとして、水子供養《くよう》を売り物にする慰霊産業《いれいさんぎょう》を目にすることがあります。全国の至るところの寺院では、水子地蔵《じぞう》や水子観音《かんのん》なるものが建てられ、易者《えきしゃ》や霊能者《れいのうしゃ》たちは、水子の障《さわ》りやたたりによって現在の不幸や病気などがあると、おどかしています。また新聞の広告には水子除霊《じょれい》（霊を取り除《のぞ》くこと）の派手な誘《さそ》いとともに、水子のたたりの例を挙《あ》げ、いたずらに恐怖心《きょうふしん》をあおっているのを見かけます。

これらの宣伝《せんでん》によって作られた水子供養ブームは、ことさら迷える人々に対して、家庭内の不幸や精神的な不安も「水子の霊を供養すればすべてかたづく」という安《あん》易《い》な思想を植《う》えつけ、増大《ぞうだい》させているようです。

水子について考えてみますと、昔、特に享保《きょうほう》・天明《てんめい》・天保《てんぽう》などの三大飢饉《ききん》のときには生活防衛《ぼうえい》のためにやむなく「間引《まび》き」という農業用語が転じて用いられたほど、堕胎《だたい》や嬰児殺《えいじごろ》しが多かったといわれています。

またなかには、優生保護的《ゆうせいほごてき》な意味から、やむをえず中絶《ちゅうぜつ》しなければならなかった場合もありましょう。しかし、現在では生活のためというよりも、むしろ性風俗の乱れや道徳心《どうとくしん》の欠如《けつじょ》からくる人工中絶による水子が多いようです。このあたりに水子供養ブームの一因《いちいん》があるのではないでしょうか。

仏教では人間の生命が胎内《たいない》で生育《せいいく》する次第《しだい》を五位《ごい》に分けて説いています。

一にカララ位《い》（和合《わごう》と訳《やく》され、父母の赤白《しゃくびゃく》二滞《たい》が初めて和合《わごう》する位《くらい》）

二にアブドム位（皰《ほう》と訳され、二七日を経《へ》て瘡皰《そうほう》の形となる位）

三にヘイシ位（血肉《けつにく》と訳され、三七日を経て血肉を形成する位）

四にケンナム位（堅肉《けんにく》と訳され、四七日になり肉のかたまる位）
五にハラシャカ位（形位《けいい》と訳され、五七日を経て六根が具《そな》わる位）
そして出生《しゅっしょう》を待《ま》つと説かれています。

この説は受胎後《じゅたいご》、胎児が直《ただ》ちに生命体として成育を始めることを明かしており、現代医学と近似《きんじ》しているものといえましょう。まさしく胎児は、人格とまではいえないまでも、生命ある〝ひと〟として生きているのです。

そして、十界互具《じっかいごぐ》・一念三千《いちねんさんぜん》の仏法の生命観より見れば、たとえ小さな胎児の生命にも必ず仏性《ぶっしょう》が具《そな》わり、あらゆる可能性を秘《ひ》めているのです。ですから「水子のたたり」があるかといえば、そのようなものはありませんが、堕胎という行為《こうい》はなんらかの罪障《ざいしょう》を作ることになるでしょう。

そのために大事なことは、何よりも正しい仏法を基調《きちょう》とした生命観の確立と、道徳心の向上《こうじょう》をはかることであり、もし不幸にして水子があった場合は、正しい因果律《いんがりつ》をふまえた真実の仏法による追善供養《ついぜんくよう》と、本人自身の罪障消滅《ざいしょうしょうめつ》の祈念こそがもっとも肝要《かんよう》なことといえましょう。

13　厄年《やくどし》はあるのか

世間《せけん》では、四十二歳の厄年だ、三十三歳の大厄《たいやく》だといって心配している人が大勢います。

しかし、日蓮大聖人は、

「三十三のやく《厄》は転じて三十三のさい《幸》はひとならせ給《たも》ふべし。七難即滅七福即《しちなんそくめつしちふくそく》生《しょう》とは是《これ》なり。年はわか《若》うなり、福はかさ《重》なり候べし」

（四条金吾殿女房御返事・御書七五七㌻）

と、妙法の信徒にとって厄はけっして恐《おそ》ろしいものではなく、むしろそのときこそ若さを増《ま》し、はつらつとして福徳《ふくとく》を積《つ》むことができるのだということを教えられています。

厄という字は、もともとは木の節《ふし》のことで、木に節があると製材《せいざい》や木工《もっこう》作業に困《こま》るところから転じて、災《わざわ》いや苦しみの意味に用いられるようになったといわれています。

また厄年の年齢区分《くぶん》についていえば、男性の二十五歳、四十二歳、六十一歳は、昔は人間の一生の節目《ふしめ》に当たる年祝《としいわ》いの行われた年齢で、青年が壮年組に入り、村人のために諸種の役《やく》を得《う》る資格《しかく》を得《え》、また壮年より老年組に入る節目のことで、けっして忌《い》みきらうことではなかったのです。

また女性の十九歳、三十三歳、三十七歳は、育児や健康の上でも一つの節目に当たる時期だったようです。

大聖人は、

「やく《厄》と申すは譬へばさい《賽》にはかど《角》、ます《升》にはすみ《角》、人にはつぎふし《関節》、方には四《よ》

維《すみ》の如し」（日眼女釈迦仏供養事・御書一三五二ページ）

と、さいころの角《かど》、升《ます》のすみ、人体の関節《かんせつ》、方位の四隅《よすみ》などのように、厄とは人生における大事な節目のことなのだと教示《きょうじ》されています。

そうした時期に、単《たん》なる四十二歳は「死に」通じるから、三十三歳は「さんざん苦労する」などと語呂合《ごろあ》わせをして思い悩むのは、まったくばかげたことだといわなくてはなりません。

また、世間の迷妄《めいもう》に紛動《ふんどう》されて、神社や他宗の寺で厄《やく》ばらいなどを頼《たの》む人は、大聖人が、

「善《ぜん》を修すると打ち思ひて、又《また》そばの人も善と打ち思ひてある程《ほど》に、思はざる外《ほか》に悪道《あくどう》に堕《お》つる事の出《い》で来《き》候なり」（題目弥陀名号勝劣事・御書三三一ページ）

と説かれているように、かえって災いや魔《ま》が競《きそ》うのです。

大聖人の、

「厄の年災難《さいなん》を払《はら》はん秘法には法華経には過ぎず。たのもしきかな、たのもしきかな」（太田左衛門尉御返事・御書一二二四ページ）

との教えどおり、私たちはこの厄年の節目のときこそ、邪信・邪説に惑わされることなく、正しい御本尊のもとにいっそうの信心を奮《ふる》い起こして、七難即滅《しちなんそくめつ》・七福即生《しちふくそくしょう》の、より輝かしい人生を切り開いていくことが必要なのです。

14　現代の生き仏、生き神と呼ばれる人がいるが、どうとらえるか

現代の新興宗教には、教祖をそのまま神・仏と信じ崇《あが》める宗教があります。それらのなかで主な教祖として、天理教《てんりきょう》の中山みき、大本教《おおもときょう》の出口王仁三郎《でぐちおにさぶろう》、世界救世教《せかいきゅうせいきょう》の岡田茂吉《おかだもきち》などが挙《あ》げられます。これらはすでに亡くなっておりますが、現身《げんしん》になんらかの啓示《けいじ》を受けて特別な能力を得たといい、神がかり状態になったといわれます。

現在も数多くの新興宗教や群小教団《ぐんしょうきょうだん》のなかには〝生き神様〟と称《しょう》される教祖がいるようです。では、このような生き神・生き仏と称する人は信用できるものなのでしょうか。もしある人が精神に異常《いじょう》をきたし、突然《とつぜん》自分は神様だといい出したな

らばどうでしょうか。

これについて二つの点から考えてみましょう。その第一は、昔、釈尊《しゃくそん》が出現される以前には、九十五派のバラモンがあり、そのなかに生き神と同じような教祖も多くおりました。これに対して釈尊は、すべての世界は因果《いんが》の道理によって構成されており、因果を無視したり、因果を説かない教えは真実のものではないと破折《はしゃく》されました。

日蓮大聖人も、これら外道《げどう》の邪義《じゃぎ》に対して、

「実に因果を弁《わきま》へざる事嬰児《ようじ》のごとし」（開目抄・御書五二六ページ）

と仰《おお》せられております。

生き仏や生き神と称する人は、いったいいかなる因行《いんぎょう》を修行《しゅぎょう》して神や仏になったのでしょうか。因《いん》がなく、ただ果《か》のみが突然あらわれる奇跡《きせき》などというものは実《じっ》際《さい》には存在しないのです。

ですから、もしある日突然、神がかりとなったとしても、因行が説明できない神や仏ならば信ずべきものではないのです。

第二の点は、生き仏や生き神といわれるものが、はたして真理に体達《たいだつ》した聖人や、経典によって予証《よしょう》されているかどうかということです。御本仏日蓮大聖人は、末法の法華経の行者として現実の五濁《ごじょく》の世に出現されて、法華経に説かれた予証を体《たい》現《げん》されたのです。

これについて大聖人は、

「此等《これら》の文のごときは日蓮この国になくば仏は大妄語の人、阿鼻地獄はいかで脱《のが》れ給ふべき」（報恩抄・御書一〇一九ﾍﾟｰｼﾞ）

と仰せられています。

経文に予証されていない生き仏や生き神といわれるものは、しょせん信用するに足りないものであり、少しばかり人間ばなれをした能力があったとしても、衆生《しゅじょう》を根本から救うべき正法の導師《どうし》などではないのです。

15　血液型による性格判断などをどう考えるべきか

血液型に関《かん》する本を読んでみますと、統計的《とうけいてき》なことを主体《しゅたい》として述べられていますから当《とう》を得ているように思われるところもあります。たとえば血液型には本質的に、それぞれの特徴《とくちょう》があり、その表《あらわ》れ方によって長所にもなり短所にもなることを示しています。

その意味からいえば、血液型による判断は迷信《めいしん》とか謗法《ほうぼう》とまではいえませんが、血液型判断をもって人生の根本指針《ししん》を決定したり、他人の性格や長短を頭から決《き》め込《こ》んだりすることは賢明《けんめい》ではありません。

仏法では人生を、因縁《いんねん》すなわち過去の因と助縁《じょえん》、そして未来の果という一連の流れの上でとらえています。

また、人間もそれぞれ因縁を持って生まれてきます。血液型にしても自《みずか》らの過去の業《ごう》を因《いん》とし、各々の両親という縁によって決まります。その性格も、血液型だけではなく、育った環境《かんきょう》や教育、その人の生きてきた過程《かてい》などのあらゆる縁によって違ってくるのです。同じ血液型でありながら正反対の性格の人があったりするのは、これらの縁や過去からの業などによるものといえましょう。

また、どのような血液型で生まれてきても、短所を長所に転換《てんかん》し、正《ただ》しく向上《こうじょう》するためにもっとも肝要《かんよう》なのは、生命の根源《こんげん》に作用するところの正しい信仰を持《たも》つことなのです。

日蓮大聖人は、

「只今《ただいま》も一念無明《いちねんむみょう》の迷心《めいしん》は磨《みが》かざる鏡《かがみ》なり。是《これ》を磨かば必ず法性真如《ほっしょうしんにょ》の明鏡と成《な》るべし。深く信心を発《お》こして、日夜朝暮《にちやちょうぼ》に又懈《おこた》らず磨くべし。何様《いかよう》にしてか磨くべき、只《ただ》南無妙法蓮華経と唱へたてまつるを、是《これ》をみがくとは云ふなり」
（一生成仏抄・御書四六ジペー）

と仰《おお》せです。私たちがどのような血液型であれ、またどのような血液型の人とめぐりあったとしても、それによって性格や相性《あいしょう》などが決定されるということではなく、正しい仏法によって錬磨《れんま》し、修行《しゅぎょう》していくことが豊かな人間性と正しい人間関係を築《きず》く道なのです。

16 狐《きつね》つきなどの「つきもの」をどう考えるべきか

今日《こんにち》の医学では狐つきや蛇《へび》つきなどの「つきもの」を、様々な原因によって起こる一種の心神喪失状態としているようです。

しかし実際には、そうした診断《しんだん》だけで説明のつく現象《げんしょう》ではないようです。

仏法ではあらゆる生命の本質を十界論《じっかい》でとらえていますが、狐や蛇などのつきものは、まさに人間の生命の上にあらわれた畜生界《ちくしょう》の姿にほかなりません。

十界とは地獄《じごく》、餓鬼《がき》、畜生、修羅《しゅら》、人間《にんげん》、天上《てんじょう》、声聞《しょうもん》、縁覚《えんがく》、菩薩《ぼさつ》、仏《ほとけ》の十種の生命の働きをいい、それらはすべて私たちの生命の奥底に冥伏《みょうぶく》しており、日常の様々な縁に触れて顕《あらわ》れてくるものなのです。

ですから狐つきなども、その人の心身に具《そな》わっている十界中の畜生界の働きが邪《よこし》まな信仰などに誘発《ゆうはつ》されて現れてきたものといえます。

このことは、狐つきが代々稲荷《いなり》などの畜類を本尊とする信仰をしてきた家庭に現れる例が、極めて多いことからもわかるでしょう。

つまり信仰の対象とした狐や犬などの畜生界の生命と、私たちの生命に具わっている畜生界が呼応《こおう》して、いわゆる感応道交《かんのうどうこう》してあらわれた姿がつきものなのです。

感応道交とは本来、衆生の機感《きかん》と仏の応赴《おうふ》とが相通《あいつう》じて一道に交《まじ》わることをいうのですが、この働きは広く十界のすべてに通ずるのです。

すなわち正しい仏の教えに従《したが》って正しい信仰をつらぬけば、仏界と衆生《しゅじょう》の九界が感応道交し、しかも衆生の仏性《ぶっしょう》が開発されて成仏への道が開《ひら》けますが、狐などの畜類《ちくるい》を信仰するならば、その人の心や行動や果報《かほう》が狐などの畜生界の姿となって現れてくるのです。

したがって狐つきなどで悩んでいる人は、正しい御本尊を信じて唱題し、自《みず》らも畜生界などに紛動《ふんどう》されない強い意志を持つことが大切なのです。

また、こうしたつきものを落とすのに、他宗の行者や神主《かんぬし》などは、暗示《あんじ》や催眠《さいみん》を利用して祈祷《きとう》をしたり、「松葉いぶし」などといって、家のなかで松葉《まつば》を燃《も》やし、その煙《けむり》でつきものをいぶり出す呪法《じゅほう》を用《もち》いるようです。

しかしそんなことをしても、その人の心身にきざまれた邪《よこし》まな信仰の汚《よご》れを落とすことはできません。

長年《ながねん》の稲荷信仰などの謗法《ほうぼう》による罪障《ざいしょう》を消滅《しょうめつ》し、狐つきなどの苦しみから脱却《だっきゃく》する道は、日蓮大聖人が、

「但《ただ》南無妙法蓮華経の七字のみこそ仏になる種には候へ」

（九郎太郎殿御返事・御書一二九三㌻）

と説かれ、また、

「今、末法に入りぬれば余経《よきょう》も法華経もせん《詮》なし。但《ただ》南無妙法蓮華経なるべし」

（上野殿御返事・御書一二一九ページ）

と仰《おお》せのように、仏の正しい教えである南無妙法蓮華経による以外にはないのです。

第五節　正しい信仰を求めている人へ

１　今さら改宗《かいしゅう》するのはめんどうだ

「めんどうくさい」といって、怠惰《たいだ》を決めこみ「世間体《せけんてい》が悪い」などと、求道の前に、すでにしり込みしてしまうような生き方をしていては、家庭にあっても、職場にあっても、真の責任と使命《しめい》を果《は》たすことはできません。

つまるところ、人生の目的は幸福でありますから、その目的に向かって、一つひとつ障害となるものを取り除《のぞ》いて前進していくべきです。積雪《せきせつ》のなかを走る汽車の前進をはばむ雪は払《はら》わなければなりません。雪かきがめんどうだといっていては、汽車は前に進みません。

日蓮大聖人は、

「汝《なんじ》早く信仰の寸心《すんしん》を改《あらた》めて速《すみ》やかに実乗《じつじょう》の一善《いちぜん》に帰せよ」

（立正安国論・御書二五〇ジペー）

と仰《おお》せられています。また正しい信仰に対する小さな発心《ほっしん》、ほんのわずかな精進《しょうじん》が、あとに大きな力となってあらわれてくることを、

「小事《しょうじ》つもりて大事《だいじ》となる」（衆生身心御書・御書一二一六ジペー）

とも教えられています。

「親兄弟が何かいいはしないか」「親戚《しんせき》の人が反対しないか」「上司《じょうし》や友人が軽蔑《けいべつ》しないか」「先祖からの墓地があるので改宗しにくい」などと、取《と》り越《こ》し苦労《くろう》をするよりも、今日の小さな発心が、やがて大きな喜びとなり、功徳《くどく》となって返ってくることを確信してください。その喜びと確信を持つことにより、かえって反対しているそれらの人々をも正法に導《みちび》くことができるのです。

まして、今日の民主主義の社会においては、封建《ほうけん》時代のように、改宗によって命

に及《およ》ぶほどの迫害《はくがい》があろうはずもありません。まったく自《みずか》らの意志において、正しい信仰に帰依《きえ》し、実践《じっせん》することができる時代です。信仰の自由を謳歌《おうか》できる現代は、もう周囲のしがらみや、世間体をはばかって過去からの宗教にとらわれているときではありません。「よき人となろう」「幸福になろう」という発心とともに、思いきって邪義《じゃぎ》を捨て、正法を実践することが何よりも大切です。

大聖人は、

「かなしきかな今度此《こ》の経を信ぜざる人々。抑《そもそも》人界《にんがい》に生《しょう》を受くるもの誰《たれ》か無常《むじょう》を免《まぬか》れん。さあらんに取っては何ぞ後世《ごせ》のつとめ《勤》をいたさゞらんや」

（新池御書・御書一四五六㌻）

と仰せられ、せっかく人間に生まれたからには正しい信仰を持って将来の幸福を築くべきであると教えています。

いたずらに無為《むい》な時間を過ごすことなく、意を決し、勇気を持って正法につくことこそが、今、あなたの取るべき道なのです。

２　信仰をすると周囲から奇異《きい》な目で見られるのではないか

人は皆《みな》、生き方が違いますし、宗教に対する認識《にんしき》もそれぞれ異《こと》なります。なかには宗教の必要性をまったく認めない人もいれば、宗教をアヘンのように思っている人、宗教を低級なものと思っている人など様々です。

今あなたは信仰の必要性を認識したものの、もし日蓮正宗の信仰をすれば、このような人々から奇異な目で見られはしないかと心配しているのでしょう。

しかし周囲の目といっても、宗教の正邪を弁《わきま》えない人々の宗教観は道理にかなったものではなく、無責任極まりないものです。もしあなたがこれらの人々のいうことに従ったとしても、これらの人々があなたに対して幸せになる道を教えてくれるわけではありません。

欧米《おうべい》では「あなたは何を信仰していますか」と聞かれたときに「私は信仰を持っていません」と答えると、かえって周囲から、なんの信念も指針《ししん》も持っていない人だと軽蔑《けいべつ》され、奇異な目で見られるそうです。

また、現代は「心の時代」ともいわれ、人生を快適に過ごすために宗教等による精神的な充実の必要性を説く人も増えています。

このように信仰を持つことは恥《は》ずかしいどころか、むしろ人生を深く考え、より向上《こうじょう》しようという行為《こうい》といえるのです。「周囲の奇異な目」といっても、周囲の人々はそれほど深い意味で批判《ひはん》しているわけではなく、あなたの思い過ごしの部分が多いのではないでしょうか。

日蓮大聖人は、

「百千合《あ》はせたる薬《くすり》も口にのまざれば病《やまい》も愈《い》えず。蔵《くら》に宝を持《も》てども開く事を知らずしてかつへ、懐《ふところ》に薬を持《も》ても飲《の》まん事を知らずして死するが如《ごと》し」

（一念三千法門・御書一一〇ジペー）

と仰《おお》せられ、せっかくの薬や宝も用いなければなんの役にも立たないように、正しい信仰をしなければ真の幸福は築《きず》かれないと教えられています。

他人の目を気にして至上《しじょう》の宝である正法の信仰を持たず無為《むい》に過ごすことは、あなたの人生にとって最大の損失《そんしつ》になるのです。

入信当初は、一時、心ない人から奇異な目で見られることがあるかもしれませんが、「真実の宗教を信仰して幸せな境界《きょうがい》を築くのだ」という、強い自覚と信念と誇《ほこ》りを持って信仰に励むならば、周囲の人もやがてはあなたを見直《みなお》して尊敬《そんけい》の眼差《まなざ》しを向けるようになるでしょう。

大聖人は、

「されば持《たも》たるゝ法だに第一ならば、持つ人随《したが》って第一なるべし」

（持妙法華問答抄・御書二九八ページ）

と、最高の教えを持つ人は、また最高にすばらしい人だと仰せられています。

どうか、取り越《こ》し苦労や弱気《よわき》をふり払《はら》い、勇気を持って真実の門に入り、正々《せいせい》堂々《どうどう》と人生の大道を歩《あゆ》んでください。

３　特定の宗教への入信は人間関係をむずかしくするのではないか

「特定の宗教」とは日蓮正宗を指《さ》していると思われます。けれども、日蓮正宗に入信することが原因になって人間関係を損《そこ》ねるということはまったくありません。

もし特定の宗教に入信することが人間関係に支障《ししょう》をきたすというのならば、宗教に限《かぎ》らず、〝特定の学校〟に入ったら旧友《きゅうゆう》と仲たがいするのでしょうか。〝特定の会社〟に入ったら友情にひびが入り、〝特定の政党〟を支持したら親子の断絶《だんぜつ》が生ずるとでもいうのでしょうか。

国籍《こくせき》が定まっている人は〝特定の国家〟の一員であり、住所が定まっている人は〝特定の地域〟の住民です。このように国籍や職場・学校、あるいは政党に限らず、私たちは多くの〝特定〟の社会や集団・組織《そしき》の一員として生きているのではありませんか。もし国籍も住所も不定であり、所属する職場や学校も定まらず、これといった信念も持っていないならば、その人はまったく信用されないでしょう。

これが宗教となると、特定の信仰を持つことがいけないような錯覚《さっかく》にとらわれるのはなぜなのでしょう。

欧米《おうべい》の人々は自分が一つの信仰を持つことに大きな誇りを感じ、堂々と自分が信じている宗派を披瀝《ひれき》します。ですから信仰を持っていない人間を、心に深みとゆとりのない無教養《むきょうよう》の人として軽蔑《けいべつ》するのです。

「特定の宗教……」といって、一つの信念を持つことを忌《い》みきらうようないい方をするあなたは、たとえば「私には心から尊敬している人がいます」というより、「私はだれをも尊敬しません」と答えるほうが、格好《かっこう》がよくて人間関係を損ねない利口《りこう》な方法だと思いますか。

あなたが心配している「人間関係」とは、
①　特定の宗教を持つと考え方や意見が食《く》い違《ちが》ってきらわれるのではないか
②　信仰活動によって〝つき合い〟の時間がなくなるのではないか
③　周囲から色メガネで見られたり、異端者《いたんしゃ》としてのレッテルを貼《は》られるのではないか

などの点であろうと思われます。しかし正しい仏法に帰依《きえ》して真実の人生を歩もうとすれば、周囲に一時的な変化があるかもしれませんが、いずれ信仰者の姿や言動《げんどう》を通《つう》じて周囲も理解を深め、以前にもまして、よりよい人間関係が築かれることを確信すべきです。

実際《じっさい》にあった話ですが、非行グループに入っていた少年が一つのきっかけで母親の願いを容《い》れて正法を信仰するようになったところ、いつしか悪友たちが遠ざかり、よい友達が増えてその少年は立派《りっぱ》に更生《こうせい》した、ということです。

この少年に対して、あなたは「少年が信仰をしたために悪友との人間関係を損《そこ》ねたことはよくない」とはいわないでしょう。

もし周囲に宗教に無知《むち》な人がいるならば、こと宗教に関する意見や考え方に食《く》い違いがあるのは当然ですし、そのときは誠意《せいい》をもって正しい仏法を持《たも》つことがどういうことかを教えてあげればよいのです。

日蓮正宗を信仰する人は、信仰によって培《つちか》った生命力と快活《かいかつ》な人間性を発揮《はっき》して、正常な人間関係を積極的に作る人々です。現在、全世界の本宗信徒は信仰以外の分野《ぶんや》においても、おのおのの社会、職場そして個々のつながりを大切にして、日夜向上《こうじょう》を計《はか》って努力しているのです。

4　日蓮正宗に入信すると結婚や就職《しゅうしょく》がしにくくなるのではないか

人それぞれに好《この》みが違うように、宗教についてよく認識《にんしき》していない人のなかには、日蓮正宗をこころよく思わない人もいるでしょう。

まして日蓮正宗は正邪のけじめをはっきりとさせる教えであり、自《みずか》らの信仰に励むだけではなく他の人に布教《ふきょう》する宗教ですから、ときには誤解をする人もいるようです。

しかしこのような人でも、よく話を聞いてみると、本宗の教義そのものや信仰することと自体をきらっているのではなく、信仰活動にかこつけて家庭を顧《かえり》みなくなったり、職場での仕事がおろそかになる、遅刻《ちこく》や欠勤《けっきん》が多くなる、布教によって人間関係が損《そこな》われる、などと心配して、こころよく思わないようです。

日蓮大聖人は、

「御みやづかい《仕官》を法華経とをぼしめせ」（檀越某御返事・御書一二二〇ページ）

と仰《おお》せられ、法華経を信仰する者は社会人としての勤《つと》めに対しても真剣《しんけん》に取り組まなければならないと戒《いまし》められています。

この言葉どおり全国・全世界の本宗信徒は、立派《りっぱ》な社会人・家庭人として襟度《きんど》をもって日夜努力しています。しかし、もし本宗信徒を名乗りながら、信仰にかこつけて社会的信用を落としたり、世間から顰蹙《ひんしゅく》を買うような者がいたならば、実に残念なことといわなければなりません。またこのようなごく一部の姿をもって、本宗を正当に評価《ひょうか》できないのも実に不幸なことというべきです。

広い世間のことですから、ごくまれな例としては、それぞれの家風《かふう》や会社の方針として本宗の信仰をきらう人もあるかもしれません。また反対に本宗の信仰者を優《ゆう》先的《せんてき》に歓迎《かんげい》する人もあるでしょう。だからといって、そのつど、信仰をしたり、しなかったりすることは愚《おろ》かなことですし、信仰の意義がわからない証拠《しょうこ》でもあります。

正しい信仰とは人生の羅針盤《らしんばん》のようなものです。もし船に羅針盤がなければ安全な航行《こうこう》はできませんし、目的地に着くこともできません。

もしあなたが現在、結婚や就職《しゅうしょく》という人生の岐路《きろ》に立っているならば、もっとも大切なことは目先《めさき》の結婚や就職はゴールではなく、スタートであるという心構《こころがま》えを持つことです。もし希望どおりの結婚や就職ができたとしても、そのあとの長い家庭生活や社会生活のなかで、必ず起こる様々な問題や困難《こんなん》な壁《かべ》を悠然《ゆうぜん》と克服《こくふく》し、着実《ちゃくじつ》に幸福に向かって前進するためには、その根本に正しい信仰がなければならないのです。

見栄《みえ》や体裁《ていさい》ばかりを気遣《きづか》い、信仰をすると周囲からどんな目で見られるかと神経《しんけい》質《しつ》になるよりも、自分の人生に何がもっとも大切かを考えるべきです。そして正しい信仰によって、いかなる苦難にも負けない強い生命力と、賢明《けんめい》にして明朗《めいろう》な人格を養《やしな》うことが、真の幸福に到達《とうたつ》する道であることを考えるべきでありましょう。

5　信仰を持つことによって、仕事がおろそかになるのではないか

あなたが心配される点には、次の二つのことが考えられます。

まず第一は、信仰のために時間が奪《うば》われ、そのしわ寄《よ》せによって仕事がおろそかになるのではないかということと、もう一つは、信仰することによって、努力《どりょく》をしなくても棚《たな》ぼた式に幸運に恵まれるものと信じて、仕事をおろそかにするのではないかということでしょう。

しかし日蓮正宗の信仰においては、こうした心配はまったく無用《むよう》です。なぜならば日蓮大聖人の教えは、信仰だけしていれば仕事をおろそかにしてもよいというような偏狭《へんきょう》なものではないからです。

私たちが仕事に励《はげ》む目的は、自身の生活をより豊かにして、精神的にも物質的にも安定した幸せを得ようとするところにあるといえましょう。しかしそこに築《きず》かれた幸せは、恒久的《こうきゅうてき》なものとはいえません。なぜなら、たとえ仕事が成功して、経済的に裕福になったとしても、それは表面的な一時の結果であり、善因《ぜんいん》にもとづく果報《かほう》ですから、その果報が尽《つ》きれば、その福徳《ふくとく》も尽きるからです。

したがって、その幸せを恒久的なものにするために正しい信仰が必要なのです。正しい信仰による果報は、今生《こんじょう》の幸せはもとより、未来世《みらいせ》への福徳を無限《むげん》に積《つ》んで、永遠に崩《くず》れない幸福となるのです。

大聖人の仏法に「世法即仏法」という原理があります。これを広く社会全体の立場から見れば「社会即仏法」ということになるでしょうし、個人の立場から見るならば「信心即生活」ということになります。

この原理は、仏法が私たちの現実の生活を離れてあるのではなく、むしろ生活そのもののなかにあるということを示したものなのです。

大聖人は、

「まことのみち《道》は世間《せけん》の事法《じほう》にて候《そうろう》（中略）やがて世間の法が仏法の全体と釈《しゃく》せられて候」（白米一俵御書・御書一五四五㌻）

と仰《おお》せです。これは、現実社会のあらゆる現象《げんしょう》と仏法は一体であり、私たちの生活のなかに仏法の真理があらわされていることを教えられているのです。

現実の社会は政治や経済によって動いているといっても、それを動かす主体は人間にほかなりません。

ゆえに大聖人は、妙法《みょうほう》を受持《じゅじ》し、純真《じゅんしん》に信仰を貫《つらぬ》く人は、社会のあらゆる現象の実相《じっそう》を見極《みきわ》めていけることを、

「天晴《てんは》れぬれば地明《ちあき》らかなり、法華《ほっけ》を識《し》る者は世法を得《う》べきか」

（観心本尊抄・御書六六二㌻）

と教えられています。

「法華を識《し》る」とは、正しい信仰によって、生命の永遠と諸法《しょほう》の実相《じっそう》を見極める智慧《ちえ》を具《そな》えることであり、「世法を得《う》べきか」とは、その智慧をもって仕事に励み、ひいては社会に対しても存分《ぞんぶん》にその力を顕現《けんげん》し、充分に活《い》かしきっていくことができるという意味です。

ゆえに信仰と生活の関係は、信仰は大地のようなものであり、生活はその大地に生《は》える草木ともいえます。

大地が肥沃《ひよく》であればあるほど、草木が大きく生長《せいちょう》するように、正しい信仰を持《たも》つことによって、立派な見識《けんしき》と洞察力《どうさつりょく》を具《そな》えることができるのです。

こうした原理を踏《ふ》まえた信仰をするのですから、時間はより有効《ゆうこう》に使われ、仕事もいっそう充実していくのです。

信仰を持つことによって、仕事がおろそかになるようなことは、絶対にありえないことを知ってもらいたいと思います。

6　信仰をすると色々な制約《せいやく》があって遊べなくなるのではないか

宗教のなかには戒律《かいりつ》を定めて、教義的な制約をしているものが少《すく》なくありません。特にキリスト教やイスラム教、ヒンズー教などは、結婚や食物、さらに医療《いりょう》に関することまで、細《こま》かく制約されています。仏教でも小乗《しょうじょう》仏教といわれるものには二百五十戒、五百戒などの戒律が定《さだ》められています。

しかし人間の煩悩《ぼんのう》には八万四千あるともいわれており、これらのすべてを戒律によって規制《きせい》することは不可能です。

日蓮大聖人は、

「されば三世の諸仏《しょぶつ》も妙法蓮華経の五字を以《もっ》て仏に成《な》り給《たま》ひしなり。三世の諸仏の出世《しゅっせ》の本懐《ほんがい》、一切衆生皆成仏道《いっさいしゅじょうかいじょうぶつどう》の妙法と云《い》ふは是《これ》なり」
（法華初心成仏抄・御書一三二一ﾍﾟｰｼﾞ）

と仰《おお》せられ、戒律や智慧《ちえ》によって成仏《じょうぶつ》するのではなく、根本の一法である南無妙法蓮華経を信じ唱えることによって成仏すると教えられています。

したがって日蓮正宗の信仰には、細かい戒律などはありません。ただし、人間を不幸に陥《おとしい》れる邪宗教を信ずることや、謗法《ほうぼう》に与同《よどう》することは固《かた》く禁じています。

次に信仰活動による時間的な制約については、大きくいえば人間はだれでも一日二十四時間という枠《わく》のなかに制約されて生活しているわけですし、一つの社会や組《そ》織《しき》に属《ぞく》すれば、それなりの規則があり、時間や行動の面で制約があるのは当然のことです。まして正しい人生を歩《あゆ》み、将来《しょうらい》にわたって崩《くず》れることのない幸福を築くための仏道修行《ぶつどうしゅぎょう》、すなわち信心活動には相応《そうおう》の努力と時間が必要です。日蓮正宗の信仰をする場合、少なくとも御本尊への朝夕のお給仕《きゅうじ》（仏壇《ぶつだん》の清掃《せいそう》、お水や樒《しきみ》

などを供《そな》える）と読経《どきょう》唱題《しょうだい》の勤行《ごんぎょう》をしなければなりません。そして大聖人が、

「月々日々につよ《強》り給へ」（聖人御難事・御書一三九七ページ）

と教えられているように、幸福の源《みなもと》である信心を清浄に持続《じぞく》するのみならず、さらに行学《ぎょうがく》を錬磨《れんま》していかなければなりません。そのためには家庭での勤行唱題とともに、寺院への参詣《さんけい》、勉強会や座談会《ざだんかい》への参加などによって信心の向上《こうじょう》を計《はか》る必要があります。これは、なんの修行も必要としない宗教に比《くら》べると、めんどうなことのように思われるかもしれませんが、現実的に考えると、自《みずか》ら読経唱題し、行学を錬磨するからこそ、その人に本当の信仰心が育《はぐく》まれるわけですし、信心と行学の修行をともなうからこそ生きた真実の宗教であるといえるのです。

だからといって仕事や家庭が犠牲《ぎせい》になるというわけではありません。その人その人の生活のリズムに合わせて持続すればよいのです。ここで大切なことは、〝規則や教義によって制約されて窮屈《きゅうくつ》だ〟と受けとめるか、あるいは〝規則を守り教えによっ

てこそ自分は正しく向上できるのだ〃と受けとめるかということです。この違《ちが》いは物《もの》事《ごと》に対していかに積極的に取り組むかという姿勢《しせい》によって生ずるものといえましょう。

正しい信仰は豊かな人間性と力強い生命力、そして深い智慧を培《つちか》うものでありますから、日蓮正宗を信仰する人はおのずと仕事や家庭に対しても適確《てきかく》な判断と積極的な姿勢を持つようになり、信仰活動も歓喜《かんき》の心をもって実践《じっせん》できるようになるのです。

「信仰をすると遊べなくなるからいやだ」というのは「学校ではテレビやマンガを自由に見せてくれないから行きたくない」と駄々《だだ》をこねている子供と同じ理屈です。

信仰をしている人でも、趣味《しゅみ》を楽しみ、レジャーを楽しむことは、一般人となんら変わりません。ある人は「今まで自分が職場と家庭のことで汲々《きゅうきゅう》としていたのは、自分の生命力が衰《おとろ》えていたためであったと、信心を始めてから気づいた」といいます。またある人は「遊びや道楽《どうらく》も、信仰をするようになってから自然に不健康《ふけんこう》なものから健康的な、人生を向上させるものに変わった」といい、ある人は「今までは憂《う》さばらしのために遊びに逃避《とうひ》していたが、信心によって仕事に希望《きぼう》が生まれ、家庭が円満《えんまん》になった今は、充実《じゅうじつ》した気分《きぶん》で本当の意味の余暇《よか》を楽しむようになった」ともいっています。このようなことは日蓮正宗を信仰する人の多くが体験しています。

どうかあなたも日蓮正宗の信仰によって悠々《ゆうゆう》たる境界《きょうがい》を築き、職場と家庭と、そして余暇を楽しみ活《い》かす人生を送ってください。

７　信仰は個人的にするものだから、組織《そしき》に入らなくともよいのではないか

人間はだれでも窮屈《きゅうくつ》な思いをしたり、束縛《そくばく》されることを好《この》みません。できることなら毎日の生活を、他人から干渉《かんしょう》されず、気がねすることなく、好き勝手《かって》に過ごしてみたいと思うでしょう。いい換《か》えれば、だれでも組織的な集団に組み込まれて種々の制約《せいやく》を受けることをきらうのです。

組織は共通の目的を持った複数の人間、または機能《きのう》によって構成《こうせい》されています。無人島で一人で生きなければならなかったロビンソン・クルーソーの例を出すまでもなく、私たちは社会から離れて一人で生きていくことは極めて困難《こんなん》なことです。

人間社会はお互いによりよい生活を享受《きょうじゅ》することを目的として、それぞれの立場

で能力に応じた役割を分担《ぶんたん》し、社会に寄与《きよ》することによって営《いとな》まれているのです。大きくいえば、社会全体が総合的な機構《きこう》を持った組織体であり、この社会を国という単位で見れば、よりいっそう組織的な意味が強くなるといえましょう。

この人間社会あるいは国家の組織を守り、かつ円滑《えんかつ》に運営するために、規則や法律が存在します。

これがさらにきめ細《こま》かい共同目的を持った組織体として、学校や会社、組合などがあります。その組織に属する人は、それぞれの役割を持ち、目的のために力を尽《つ》くすことにより、その組織によって身を守られ、生活の向上《こうじょう》を計《はか》るなどの恩恵《おんけい》を受けるわけです。

このように私たちは生きているかぎり、幾《いく》種類もの大小様々な組織の構成員となっているのです。

同じ組織といっても、その目的に応じて、機構も、制約も、参加の形態《けいたい》も、そして恩恵《おんけい》も大いに異《こと》なります。たとえば現在の自分の職業に直接、関係する組織と、小学校時代の同窓会《どうそうかい》の組織では、私たち個人を規制《きせい》する度合いも当然違《ちが》ってきます。

私たちは自分の人生に大きな影響を与えるものであればあるほど、方向を誤ることなく、より実効《じっこう》をもたらすために組織が必要なのです。

もし、ある学校で、生徒が登校するのも欠席するのも自由であり、校規校則もなく、成績にかかわらず全員を卒業《そつぎょう》させたとしたら、はたして生徒は学力を養うことができるでしょうか。それこそ、このような学校や生徒はいいかげんなものだという評価《ひょうか》しか下《くだ》されないでしょう。このことは信仰の道についても同様《どうよう》です。個人的な気休め程度《ていど》の宗教やはっきりした目標のない教えならば、自分勝手でよいかもしれませんが、人間としての最高の境界《きょうがい》である成仏を遂《と》げるには組織の必要性を認識しなくてはなりません。仏教では人間を正道に導《みちび》き向上《こうじょう》させる働きを善知識《ぜんちしき》といいます。

伝教大師《でんぎょうだいし》は仏道修行を志す者の善知識として、①教授《きょうじゅ》の善知識、②同行《どうぎょう》の善知識、③外護《げご》の善知識の三種を挙《あ》げています。教授の善知識とは深遠な仏法を教え導いてくれる師範《しはん》や先輩《せんぱい》を指《さ》します。第二の同行の善知識とは互いに励まし、助け合いながら信仰する同僚《どうりょう》や友人であり、第三の外護の善知識とは有形《ゆうけい》・無形《むけい》に私たちの信仰を助け、協力してくれる人たちのことです。

これらの善知識があって初めて、私たちは正しく信仰の道を歩むことができます。またこの善知識の働きを、より効果的《こうかてき》に発揮《はっき》するために作られたものが信仰上の組織なのです。したがって真の幸福を築くためには、善知識である信仰組織のなかで、人間性と信仰を磨《みが》き、培《つちか》わなければならないのです。

心が弱く、自己本位の人は人間関係を忌《い》みきらって組織から遠ざかろうとするでしょうが、真剣《しんけん》に自己の向上と鍛錬《たんれん》を願う人は、人間関係や組織を修行の場として有効《ゆうこう》に活《い》かすべきです。

8　手を合わせて拝《おが》むことは恥《は》ずかしい

手を合わせて拝むことは恥ずかしいというその心の底には、信仰は年寄《としよ》りくさいとか、弱い人間が行うものなどの宗教に対する偏見《へんけん》があるのではないでしょうか。いずれにしても〝恥ずかしい〟ということは、世間《せけん》の目が気になる、周囲《しゅうい》の人たちから変な目で見られないかという懸念《けねん》があるからでしょう。しかし、自分でよいと思えば、たとえ変わった服装《ふくそう》で街《まち》を歩いたとしても、別に恥ずかしいなどとは思わないものです。

人間にとって最高の幸福をもたらす正しい信仰には、必ず合掌《がっしょう》がともないます。ですから合掌が恥ずかしいというのは、医者から薬をもらっても、人に見られたら恥ずかしいといって薬を飲まずに病気を悪化《あっか》させるようなものです。

病気を治《なお》そうと思えば、つまらない見栄《みえ》を捨てて薬を飲むのが当然でしょう。それと同じように、日蓮正宗の教えが自分の人生にとってもっとも大切であり、絶対に正しいと確信するならば、合掌が恥ずかしいなどとは感じなくなるはずです。

合掌は、もっとも尊《とうと》い御本尊に向かって清浄な心で行《おこな》うものであり、その十指《じっし》は十界互具《じっかいごぐ》を意味し、胸にあてるところは、我が胸中《きょうちゅう》の心性《しんしょう》の白蓮華《びゃくれんげ》に通じ、そして南無妙法蓮華経と唱えるところは無作三身《むささんじん》・事行《じぎょう》の一念三千《いちねんさんぜん》の当体《とうたい》であるという深い意義を具《そな》えているのです。

このことを日蓮大聖人は、

「合掌とは法華経の異名《いみょう》なり。向仏《こうぶつ》とは法華経に値《あ》ひ奉《たてまつ》るを云ふなり」

（御義口伝・御書一七三四ジペー）

と仰《おお》せられ、真実の合掌は最高の教えである妙法蓮華経に帰依《きえ》する姿であると説かれています。

ですから人間として真に幸福を願うならば、自分の小さな感情にとらわれず、また、つまらない世間の目を気にせず、真実最高の日蓮大聖人の仏法に目を開き、正直《しょうじき》な心で手を合わせ、御本尊を拝むべきです。

人間にとって恥ずかしい行為《こうい》というのは、人の道を踏《ふ》みはずしたり、法を犯《おか》したり、他人に迷惑《めいわく》をかける行為をいうのです。

宗教に対する知識《ちしき》を深め、自己《じこ》の幸福はもちろんのこと、社会に平和をもたらす崇高《すうこう》な教えを正しく信仰するということは、恥ずかしいどころか、人間としてもっとも誇《ほこ》るべき行為なのです。

9　仏教の法話は現実離れしたおとぎ話《ばなし》ではないか

私たちは自分の幸・不幸を目先《めさき》の現実によって評価しがちですが、真実の幸福とは自己《じこ》の生命に内在《ないざい》する仏の生命の涌現《ゆげん》によって、現実の人生や生活のなかにその力を発揮《はっき》させることです。

そのためには、仏が悟《さと》られた真実の教法《きょうぼう》に帰依《きえ》し、仏の御意《みこころ》にかなった信心修行に邁進《まいしん》しなければなりません。

しかし私たちにとって、仏が悟られた法の内容や功徳力《くどくりき》はもちろんのこと、人間生命の実体や成仏《じょうぶつ》の境界《きょうがい》などは、あまりにも深遠すぎて、とうてい理解できるものではありません。

だからといって、仏法は難解《なんかい》だからかかわりたくないと遠ざかるならば、真の幸福も安心立命の人生も築《きず》くことはできません。ここに仏の化導《けどう》のための手段が必要になるのです。

釈尊は、

「吾《われ》成仏《じょうぶつ》してより已来《このかた》、種種《しゅじゅ》の因縁《いんねん》、種種の譬喩《ひゆ》をもって広《ひろ》く言教《ごんきょう》を演《の》べ、無数《むしゅ》の方便《ほうべん》をもって衆生《しゅじょう》を引導《いんどう》して」（方便品第二・法華経八九ジペー）

と説いています。すなわち仏は自《みずか》ら悟《さと》った甚深《じんじん》の法を、人々に説くに当たって、様々な因縁（原因と助縁《じょえん》）あるいは譬喩（たとえ）を説き、さらには多くの方便（手段）を用《もち》いて導《みちび》くというのです。

天台大師も、仏が譬喩を説くことについて、

「樹《き》を動かして風を訓《おし》え、扇《おうぎ》を挙《あ》げて月を喩《たと》う」（文句会本中一ジペー）

と記《しる》しています。この意味は、風そのものを見ることはできないが、樹が揺《ゆ》らぐこ

とによってその存在を知ることができ、天の月に気づかない人には、身近な扇を高くかざすことによって天月を気づかせることができるということです。これと同じように仏も衆生に対して、身近な言葉を用い、因縁やたとえなど様々な手段をもって正法を説き明かされているのです。

あなたがもし、仏典《ぶってん》の因縁や譬喩の部分だけを取り上げて「現実離れしている」「子供だましのおとぎ話だ」と非難するならば、それは仏の真意を知らない浅薄《せんぱく》な考えといえましょう。

仏典を開き、法話を聞くときは、表面の言葉だけにとらわれることなく、それによって示される仏の真意に留意《りゅうい》し、耳を傾《かたむ》けるべきです。

10　宗教の世界は、科学的根拠《こんきょ》や証明があいまいではないか

「科学的」とはいったいなんでしょう。普通、科学とは物事や現象《げんしょう》について、その性質・変化・他との関係などを、実験をとおして体系化《たいけいか》し、応用《おうよう》を考える学問のことです。

この科学の基本となる道理が因果律《いんがりつ》です。すなわち一定の物事（因《いん》）が一定の条件《じょうけん》と作用（縁《えん》）によって一定の結果を生ずること、たとえば酸素《さんそ》と水素《すいそ》を一定条件のもとで化合《かごう》すれば、だれがいつどこで行《おこな》っても、必ず水を生ずるようなものです。この普遍的《ふへんてき》な因果律が「科学的」という言葉の意味でしょう。

さて、この原則をもって現在の多様化《たようか》した宗団・宗派を見ると、質問のような

〃あいまい〃な、しかも一見してインチキとわかるような宗教がたくさんあります。なかには、教祖《きょうそ》が発狂《はっきょう》状態になったことを、神が宿《やど》ったと称して支離滅裂《しりめつれつ》な言葉を神のお告《つ》げとして崇《あが》めるものや、祭壇《さいだん》に供えた水は霊験《れいげん》があるといって病状を無《む》視《し》して多量の水を飲ませるもの、あるいは煙《けむり》に触《ふ》れるだけで無病息災《むびょうそくさい》になると説く宗教など、道理《どうり》にかなった教義がまったくない宗教や、迷信《めいしん》としかいいようのない宗教も数多くあります。このようないかがわしい宗教は別として、文証・理証・現証に照らして正当な宗教についていえば、我々がある事実（宗教）を科学的な眼《まなこ》をもって研究することは大切なことですが、現在の科学的知識で計《はか》れないからという理由だけで、現実の事象《じしょう》を否定《ひてい》したり〃非科学的〃と決めつけることは、それこそ〃非科学的〃な態度というべきでしょう。

近代の科学は物質文明のなかで発達し、多大の貢献《こうけん》をしてきましたが、精神文明、ことに人間の心に関《かん》してはまったく遅れた状態《じょうたい》です。

にもかかわらず、仏が人間生命の本質と法界《ほうかい》の真理を深く観達《かんたつ》して説かれた仏法を、人智《じんち》の集積《しゅうせき》ともいうべき現代の科学をもって証明しようというのは無理《むり》な話です。

それはあたかも、尺《しゃく》とり虫《むし》が自分の歩幅《ほはば》と歩数《ほすう》で、空を飛ぶ鳥の飛距離《ひきょり》を計《はか》ろうとしているのに似《に》ています。

もし、どうしても日蓮大聖人の仏法を道理と現証という科学的説明によって論証《ろんしょう》せよというのならば、釈尊の予証《よしょう》のとおり現実の濁世《じょくせ》に出現された日蓮大聖人が、予証どおり大難に遭《あ》いながら一切衆生《いっさいしゅじょう》を成仏《じょうぶつ》せしめんと、大慈悲をもって大御本尊を図顕建立《ずけんこんりゅう》された事実、そしてそれを信ずる多くの人々が大聖人のお言葉どおり、歓喜《かんき》と希望に満《み》ちた人生を歩んでいるという実証こそ、〝科学的〟現実そのものではありませんか。

将来、科学が仏法をどこまで証明できるかわかりませんが、人間を生命の根本から蘇生《そせい》させ、豊かな生命力を涌現《ゆげん》させる仏法が、七百五十年間、富士大石寺《たいせきじ》に厳然《げんぜん》と伝えられ、未来永劫《みらいえいごう》にわたって全世界の民衆を救済《きゅうさい》しようと威光《いこう》をもって照らされている事実を知るべきでしょう。

11　宗教は教団の金《かね》もうけに過ぎないのではないか

御指摘《してき》のとおり昨今《さっこん》の宗教界の乱脈《らんみゃく》ぶりは目を覆《おお》うばかりです。ほとんどの教団は、民衆救済《きゅうさい》と社会平和の実現という宗教本来の使命を忘れ、本尊《ほんぞん》や書籍《しょせき》、守り札《ふだ》、祈祷《きとう》などを売りものにして、金もうけに専念《せんねん》しているのが現状《げんじょう》です。

ひどい教団になると、教義がらみで信者にお金を出すよう強制《きょうせい》します。たとえば目を患《わずら》っている人に対して「目の玉は丸いでしょう。目の因縁《いんねん》を切るために、丸いもの（お金）を供《そな》えなさい」、また足の悪い人には「足は〝おあし〟（お金）に通じるから、お金を上げればよくなります」などと、まったく人をばかにした〝ごろ合わせ〟や〝こじつけ〟で無知な人をだましています。もっと悪質なものになると「欲《よく》心《しん》があなたを不幸にしているのだから、欲心を捨てなさい。そのためにはあなたの財産《ざいさん》を神様に捧《ささ》げることです」などと言葉巧《たく》みに、全財産を教団にまき上げられた例もあります。

こんな宗教は明らかに金もうけを目的としたものですから、近づかないほうが無《ぶ》難《なん》です。

では、宗教団体が資金を持つことは悪いことなのかというと、それも誤った考えです。教義を研鑽《けんさん》し、修行し、布教するためには、それを賄《まかな》う資金《しきん》がなければなりません。

仏典《ぶってん》には、菩薩《ぼさつ》の修行として貧者《ひんじゃ》に物を与える布施行《ふせぎょう》が説かれておりますし、衆生《しゅじょう》が仏や法に対して、報恩の念をもって金品を供養することを、積功累徳《しゃっくるいとく》の行いであると賞賛《しょうさん》しています。供養とは自分にとって大切な宝を仏様に捧げることであり、これには蔵《くら》の財《たから》・身の財・心の財の三種がありますが、大聖人は、

「蔵の財よりも身の財すぐれたり。身の財より心の財第一なり」
（崇峻天皇御書・御書一一七三ページ）

と仰《おお》せられ、信心という心の財を根本にすることを教えています。

「日蓮正宗の信心はまったくお金がかからないのか」という声を聞きますが、常識的に考えても、信仰するためには数珠《じゅず》や経本、仏具《ぶつぐ》、書籍《しょせき》などの費用は必要です。また御本尊に対する自発的な供養や先祖回向《えこう》の塔婆《とうば》供養なども、信仰者として当然なされるべきでしょう。

しかし、日蓮正宗では総本山大石寺をはじめ各地の末寺でも、賽銭箱《さいせんばこ》などは一切ありませんし、他宗徒からの供養は仏の本意にかなわないとして、まったく受け取らないのです。また葬儀《そうぎ》や法事などにおいても〝お経料〟とか〝戒名料《かいみょうりょう》〟もありませんし、他宗のように供養の額《がく》を定めて請求《せいきゅう》することなどもありません。

日蓮正宗はひたすら正法を純粋《じゅんすい》に守り、弘教し、真の幸福と世界平和の確立《かくりつ》を目指《めざ》して実践《じっせん》している唯一《ゆいいつ》の宗団なのです。

12　自分の宗派だけを正しいと主張することは「エゴ」ではないか

「エゴ」とは「エゴイズム」の略語で、利己主義《りこしゅぎ》という意味です。どの宗派もそれぞれ自宗の教えこそ正当であり、利益《りやく》があると主張します。たとえば念仏宗では捨閉閣抛《しゃへいかくほう》といって他経を捨《す》てよ閉《と》じよと教えますし、禅宗では教外別伝《きょうげべつでん》といって釈尊の正意は文字で表されるものではなく、以心伝心《いしんでんしん》で自宗のみに伝えられていると主張します。

宗教の歴史を見ても、キリスト教やイスラム教はいまだに異教徒《いきょうと》との闘争《とうそう》に明け暮れています。これらのすべては自《みずか》らの優越性《ゆうえつせい》を誇示《こじ》するところに端《たん》を発《はっ》しています。このように見ると宗教の世界は「エゴ」の集まりと考えられるのも当然でしょう。だからといって自己の正当性を主張することが悪いということではありません。

たしかに、周囲を無視《むし》し、道理《どうり》や現証《げんしょう》を無視して、いたずらに自己の優越性のみを主張することは独断《どくだん》であり、悪《あ》しきエゴの宗教というべきです。したがって、真実に人間を救う教えであるか否《いな》かを合理的に検討《けんとう》し、その上で〝悪《あ》しきエゴ〟の宗教か、正しい宗教かを決定すればよいわけです。少なくとも表面のみを見て〝宗教はすべてエゴだ〟と速断《そくだん》して宗教全体を否定《ひてい》することは、けっして賢明《けんめい》な態度ではありません。

難解《なんかい》な宗教教義を判定する一つの基準《きじゅん》として、原因があって結果が生じるという、因果律《いんがりつ》に立脚《りっきゃく》しているかどうかということがあります。たとえばキリスト教では人間の起源《きげん》は神が土の塵《ちり》から造《つく》り出したものだといいますが、その神はだれによって作られたかという点は説いておりません。神道《しんとう》でも日本の国は神によって作られたと説きますが、天上の神の起源については合理的な説明がありません。仏教において初めて〝三世《さんぜ》にわたる因果律〟を根本とする人間生命の真実相が説き示されたのです。人間が帰依《きえ》する宗教が不完全なまま、民衆に信仰と尊崇《そんすう》を呼びかけることこそ〝悪しきエゴ〟というべきです。

仏教のなかにおいても、釈尊が当時の人々に対して、低い教えから高い教え、浅いものから深いものへと、次第に説き示しながら修行する能力を調《ととの》えていき、最後にもっとも功徳力《くどくりき》のある法華経を出世《しゅっせ》の本懐《ほんがい》（目的）として説きあらわしたのです。

釈尊自身も、

「私が今まで説いてきた経典は数え切れないほどである。過去に既《すで》に説いたもの（已説《いせつ》）、今説いたもの（今説《こんせつ》）、将来説くであろうもの（当説《とうせつ》）、それらのなかでこの法華経がもっとも深い教えである」（法師品第十・法華経三二五ジペー取意）

と、法華経がもっとも勝《すぐ》れたものであることを説かれています。

日蓮正宗では、正法によって衆生救済《しゅじょうきゅうさい》を願われた日蓮大聖人の精神を受けつぎ、普遍的《ふへんてき》な宗教批判の原理に照らして、正を正とし、邪を邪であると主張しているのです。

13 世界平和を説く宗教が、他の宗教を攻撃《こうげき》して争《あらそ》うことは自語相違《じごそうい》ではないか

平和といえば、その反対が戦争であることは、だれにでもすぐ思い浮《う》かぶでしょう。

戦争とはいうまでもなく国と国とが武力をもって争うことです。これを縮小《しゅくしょう》した形が人と人の争いです。人どうしが争う原因を考えてみますと、まず自分の利益《りえき》や欲望《よくぼう》のみを充《み》たそうとするときに起きます。これを仏法では貪欲《とんよく》といいます。次に感情的な忿怒《ふんぬ》による場合があります。これを瞋恚《しんに》といいます。また相手をよく理解しなかったり、考えが浅いために争いとなることもあります。これを愚癡《ぐち》といいます。そのほかに高慢心《こうまんしん》や猜疑心《さいぎしん》が争いのもとになることもあります。

国家間《かん》の戦争も個人と同じように、人間が本来、生命に具《そな》えている貪瞋癡《とんじんち》の三《さん》毒《どく》、あるいは慢疑《まんぎ》を加えた五悪心《ごあくしん》の作用に起因《きいん》します。しかも仏法の上から現代という時代をみると、今は末法《まっぽう》といって、劫濁《こうじょく》（時代・社会そのものの乱《みだ》れ）、煩悩濁《ぼんのうじょく》（苦しみの原因となる貪瞋癡などの迷い）、衆生濁《しゅじょうじょく》（人間の心身両面にわたる汚《よご》れ）、見濁《けんじょく》（思想の狂いや迷乱《めいらん》）、命濁《みょうじょく》（生命自体の濁《にご》り）の五濁《ごじょく》が強大となって、いたるところで争乱《そうらん》や殺《さつ》りくが絶えまなく行われるときであると予言されています。

たしかに人命軽視《けいし》や刹那的欲望《せつなてきよくぼう》による犯罪《はんざい》、そして自己中心の風潮《ふうちょう》は現代社会の病巣《びょうそう》として深刻《しんこく》な問題となっています。これらの社会問題が貪瞋癡の三毒という、単《たん》に理性のみで解決できない生命の奥深い迷いから起こっているわけですから、表面的な道徳《どうとく》教育や、倫理《りんり》の訓話《くんわ》などで解決できるほど単純なものではありません。現に人殺しはいけない、暴力はいけない、親不孝はいけないということはだれでも知っています。それでもなおかつこれらを犯《おか》してしまう事実は、もはや知識や教育の次元を越《こ》えて、人間生命の奥底から揺《ゆ》り動かす真実にして力のある仏法によらなければならないことを物語っています。国家間にあっても、一時的に争いが止《や》み、戦火が鎮《しず》まっているといっても、それのみをもって真実の平和とはいえません。なぜならばお互いに三毒強盛《ごうじょう》の人間が動かしている国政・軍事であれば、いつまた火を吹き、殺し合うかもしれないからです。

質問のように戦争と破邪顕正《はじゃけんしょう》の折伏《しゃくぶく》とを同一視《し》して自語相違だといわれるのは、戦争を表面の争いという点だけを見て、その原因の三毒を知らないために生じたものでありましょう。真実の平和を確立するためには三毒強盛の人間性と五濁の世相《せそう》を仏法によって浄化《じょうか》し、一切衆生悉有仏性《いっさいしゅじょうしつうぶっしょう》（だれでも仏に成る可能性を持った尊《とうと》い存在ということ）、自利利他《じりりた》（自分も他人も共に幸せになること）の精神を共通の根本理念にしなければなりません。そのためには宗教の正邪・高低・真偽《しんぎ》を厳格《げんかく》に区別し、選択《せんたく》しなければなりません。

私たちの布教はけっして争いを起こそうとしているのではなく、誤った宗教はあなたの人生を不幸にしますよと教えているのです。また折伏とは相手の人間性を攻《こう》撃《げき》するのではなく、あくまでも邪悪《じゃあく》な宗教や低級な思想は平和を破壊《はかい》するものとして指摘《してき》し論破《ろんぱ》するものなのです。あなたの質問は、たとえば世界平和を実現するための会議で各国代表が部分部分で意見の食《く》い違《ちが》いがあったとして、それのみを取り上げ、自語相違だ、無益《むえき》だと非難しているようなものです。

本来の折伏は民衆救済と世界平和という大目的のための、破邪顕正であることを知るべきです。

14　南無妙法蓮華経と唱えるならば、どれも同じではないか

「南無妙法蓮華経」を表面的に解釈《かいしゃく》すれば、妙法蓮華経すなわち法華経に帰依《きえ》（南無）するという意味です。

日蓮正宗以外の日蓮宗各派では、本仏といえば釈尊であり、究極の経典は釈尊の法華経であると立てておりますから、南無妙法蓮華経の意味も、「釈尊が説いた法華経二十八品の経典に帰依する」ということになります。

しかし日蓮大聖人は、

「今日《いま》蓮が唱ふる所の題目は前代に異《こと》なり、自行化他《じぎょうけた》に亘《わた》りて南無妙法蓮華経なり」（三大秘法抄・御書一五九四㌻）

と仰《おお》せられ、大聖人が建長五（一二五三）年四月二十八日に唱えいだされた南無妙法蓮華経は、いまだだれも唱えなかったものであると説かれています。

さらに大聖人は、

「仏の御意《みこころ》は法華経なり。日蓮がたましひは南無妙法蓮華経にすぎたるはなし」

（経王殿御返事・御書六八五㌻）

とも、

「彼《かれ》は脱《だつ》、此《これ》は種《しゅ》なり。彼は一品二半《いっぽんにはん》、此は但《ただ》題目の五字なり」

（観心本尊抄・御書六五六㌻）

とも仰せられるように、この南無妙法蓮華経は釈尊の法華経とは異《こと》なったものであると示されています。

では、南無妙法蓮華経の本当の意味は何かというと、

「無作《むさ》の三身《さんじん》とは末法の法華経の行者なり。無作三身の宝号《ほうごう》を南無妙法蓮華経と

云《い》ふなり」（御義口伝・御書一七六五㌻）

と説かれています。すなわち無作三身（宇宙法界《うちゅうほうかい》を我が身として悟《さと》られた根本の仏）とは法華経の行者のことであり、その仏名《ぶつみょう》を南無妙法蓮華経と称するのであるというのです。ここでいう「法華経の行者」とは日蓮大聖人にほかなりません。

これについて、さらに、

「本尊とは法華経の行者の一身の当体《とうたい》なり」（御義口伝・御書一七七三㌻）

と仰せられており、法華経の行者の当体こそ、一切衆生《いっさいしゅじょう》を救済《きゅうさい》する本門の本尊であると示されています。

したがって南無妙法蓮華経とは本門の本尊のことであり、法華経の行者・日蓮大聖人の当体なのです。

大聖人は、

「本尊とは勝《すぐ》れたるを用《もち》ふべし」（本尊問答抄・御書一二七五㌻）

と私たちに本尊の大切さを教えられています。

いかにお題目がありがたいといっても、日蓮宗各派《かくは》のように、釈尊像《しゃくそんぞう》を拝《おが》んだり、竜神《りゅうじん》や大黒天《だいこくてん》あるいは稲荷《いなり》に向かったり、さらには霊友会《れいゆうかい》や立正佼成会《りっしょうこうせいかい》のように死者の戒名《かいみょう》に向かって題目を唱えることは、本尊と題目がまったくちぐはぐなものとなり、大聖人の教えに背《そむ》くとともに、大きな悪業《あくごう》を作ることになります。人でも自分と違《ちが》った名前をいくら呼ばれても返事をしないどころか、かえって非《ひ》礼《れい》に当たるのと同じ理屈《りくつ》です。

せっかく日蓮大聖人を崇《あが》め、南無妙法蓮華経の題目を唱えるのですから、大聖人の御真意《ごしんい》にかなった正しい御本尊に向かって唱題すべきです。

15　日蓮聖人の史跡《しせき》を訪《おとず》れ参拝をしているから充分だ

日蓮大聖人は、

「日蓮を用ひぬるともあし《悪》くうやま《敬》はゞ国亡《ほろ》ぶべし」

（種々御振舞御書・御書一〇六六ページ）

と仰《おお》せられています。

この言葉の意味は、日蓮を尊敬し崇《あが》めても、正しく敬《うやま》わなければ国が亡ぶ、というのです。

一家が悪《あ》しく敬えば一家が亡《ほろ》び、個人が正しく敬わなければ個人が亡ぶという道《どう》理《り》です。

では、日蓮大聖人を正しく敬うとはどういうことでしょうか。

御書には、

「日蓮は日本国の諸人に主師父母なり」（開目抄・御書五七七ジペー）

とも、

「今日本国の高僧等も南無日蓮聖人ととなえ《唱》んとすとも、南無計《ばか》りにてやあらんずらん。ふびんふびん」（撰時抄・御書八六七ジペー）

とも記《しる》され、自《みずか》ら末法の一切衆生《いっさいしゅじょう》の主師親《しゅししん》であり、人々が日蓮大聖人に帰依《きえ》して「南無日蓮大聖人」と礼拝《らいはい》すべきことを説かれています。

そして、

「本尊とは法華経の行者の一身の当体なり」（御義口伝・御書一七七三ジペー）

とも、

「此の曼荼羅能《まんだらよ》く能く信じさせ給ふべし（中略）日蓮がたましひ《魂》をすみ《墨》にそめながしてかきて候ぞ、信じさせ給へ」（経王殿御返事・御書六八五㌻）とも仰せられ、末法の教主日蓮大聖人の当体《とうたい》・魂魄《こんぱく》のすべてを書き留《とど》められた漫荼羅御本尊を信じ拝するよう教えられています。

漫荼羅のなかでも、弘安二（一二七九）年十月十二日に図顕《ずけん》された一閻浮提総与《いちえんぶだいそうよ》の大漫荼羅が根本中の根本たる本門戒壇《ほんもんかいだん》の大御本尊なのです。

また大聖人は、

「檀戒《だんかい》等の五度《ごど》を制止《せいし》して一向《いっこう》に南無妙法蓮華経と称せしむるを、一念信解初随《いちねんしんげしょずい》喜《き》の気分《けぶん》と為《な》すなり。是則《これすなわ》ち此《こ》の経の本意なり」（四信五品抄・御書一一一三㌻）

と仰せられているように、末法の仏道修行は布施《ふせ》や戒律《かいりつ》などの修行を捨てて、ひたすら本門戒壇の大御本尊に向かって唱題することなのです。これが大聖人を正しく敬うということであり、本意にかなう信心なのです。そのためには、本門戒壇の大御本尊と日蓮大聖人の精神を正しく清浄に伝えている日蓮正宗の信徒として、信心しなければならないのです。

次に史跡についていえば、大聖人の本意にかなう正しい信仰を実践《じっせん》した上で、ゆかりの地を訪《おとず》れ、往時《おうじ》をしのぶことは悪いことではありません。

しかしここで注意すべきことは、まず現在、大聖人の史跡として宣伝《せんでん》されているもののなかで、鎌倉時代からそのまま保存されている建物はほとんどありません。また場所も、長い時間の経過のなかで地震《じしん》や津波《つなみ》などによって地形が変化したり、史跡がわからなくなったものがほとんどです。そして何よりも大切なことは、史跡の真偽《しんぎ》は別として、そこにある寺院が大聖人の精神を正しく受け継《つ》ぐ日蓮正宗の寺院なのか、それとも大聖人の精神に反した邪宗寺院なのかということです。

もしあなたが史跡めぐりだといって大聖人の精神から外《はず》れた日蓮宗の寺院に詣《もう》で

るならば、それこそ大聖人を「悪《あ》しく敬う」という謗法《ほうぼう》を犯《おか》すことになるのです。

第六節　正しい宗教とは何か

１　宗教に正教と邪教《じゃきょう》があることがわからない

なぜ人は信仰し、宗教を求めるのかと問うとき、ある人は神仏に守ってほしい、ある人は願いをかなえてほしいといい、またある人は先祖の冥福《めいふく》を祈りたいなどと様々な答えがかえってくると思います。

現在日本だけでも何十万という数の宗教がありますが、そのなかには、合格祈願《ごうかくきがん》のための神社をはじめ、水子供養専門《みずごくようせんもん》の寺院とか、虫封《むしふう》じの神社があるかと思えば〝とげ抜《ぬ》き地蔵〟なるものまで、多種多様《たしゅたよう》の宗教があります。

また信仰する対象《たいしょう》も、同じキリスト教でも十字架《じゅうじか》を拝《おが》むものや聖書《せいしょ》、マリア像、キリスト像を拝むものなど様々ですし、仏教でも釈尊像《しゃくそんぞう》を拝むものや、大日如来《だいにちにょらい》、阿弥陀如来《あみだにょらい》、薬師如来《やくしにょらい》などの仏や、観音《かんのん》、弥勒《みろく》などの菩薩《ぼさつ》、あるいは大黒天《だいこくてん》、弁財天《べんざいてん》などの天界の神を祭るものなど、宗派によって多岐《たき》にわかれています。

もし宗教が単《たん》に気休めや精神修養《せいしんしゅうよう》のための手段《しゅだん》ならば、それはちょうど音楽の好《す》きな人が名曲を聞き、読書家が名作を読んで心をなごませることと同じでしょう。またそれならば、どの宗教によって、どのようなものを拝んでも、その人その人の好《この》みによればよいということになるかもしれません。

でも少し考えてみてください。私たちが生活する上で、無関係なものや無縁《むえん》のものからは生活に直接の影響《えいきょう》を受けませんが、身近なものや信用したものは、その善悪《ぜんあく》、真偽《しんぎ》、正邪によって大きな影響を受けることになり、それが人生の指針《ししん》にかかわるものや、人命に関するものであれば、なおさら大きな力として影響を受けることになります。

たとえば、進学や就職《しゅうしょく》、結婚などはだれでも慎重《しんちょう》に選択《せんたく》するでしょうし、日常生活でも乗り物や食べ物あるいは医薬品《いやくひん》などは、より信用できるものを選ぶものです。その選択の基準《きじゅん》として、自分の経験《けいけん》や道理《どうり》の適否《てきひ》、実験《じっけん》の結果、保証《ほしょう》の有無《む》、他者の評価《ひょうか》などを考慮《こうりょ》した上で、できるかぎり、高い価値《かち》を生ずるもの、すなわち満足《まんぞく》できるものを選ぶのではないでしょうか。

これと同じように、宗教もそれぞれ本尊が異《こと》なり、教義も様々ですが、日蓮大聖人は、

「小乗経《しょうじょうきょう》・大乗経《だいじょうきょう》並びに法華経は、文字はありとも衆生《しゅじょう》の病《やまい》の薬とはなるべからず。所謂《いわゆる》病は重し薬はあさし。其《そ》の時上行《じょうぎょう》菩薩《ぼさつ》出現して妙法蓮華経の五字を一閻浮提《いちえんぶだい》の一切衆生《いっさいしゅじょう》にさづくべし」（高橋入道殿御返事・御書八八七ページ）

と仰《おお》せのように、三毒強盛《さんどくごうじょう》の末法《まっぽう》の衆生には、真実の教えである妙法蓮華経の大良薬を与えるべきことを教示《きょうじ》されています。

釈尊も法華経において、

「唯《ただ》一乗《いちじょう》の法《ほう》のみ有り　二《に》無《な》く亦《また》三《さん》無《な》し」（方便品第二・法華経一一〇ページ）

と説かれ、仏になる道は、ただ法華経以外にないことを明かされています。

いい換えると、この経文は一乗の法すなわち法華経以外の教えは、真実の教法ではないとの意味です。

このように、宗教には正邪の区別があることを知らなければなりません。

2　宗教を判定《はんてい》する場合の基準《きじゅん》には、どのようなものがあるのか

正しい宗教の条件《じょうけん》としては、まず人間の世界を離《はな》れた架空《かくう》の世界を基盤《きばん》とした宗教ではなく、人間のための宗教であり、人間がよりよく、幸せに生きるための宗教であることが大事です。そのためには、正しい生命観《せいめいかん》に基《もと》づき、正しい道理《どうり》を具《そな》え、全人類を救済《きゅうさい》する現実の力を持った宗教であることが大切です。

ではどのような方法で宗教を判定したらよいのでしょう。

日蓮大聖人は、次のような基準をもって宗教の正邪を判定することを教えられています。

1　三証《さんしょう》

文証《もんしょう》、理証《りしょう》、現証《げんしょう》のことをいいます。文証とは、経論《きょうろん》などによる証拠《しょうこ》であり、教えが独断《どくだん》ではなく、仏の説いたお経によっても裏づけられるかどうかを確《たし》かめることです。

理証とは、教えが因果《いんが》の道理にかなっているかどうかを確かめることです。

現証とは、その教えが単に理論のみの観念《かんねん》ではなく、現実の人間の生活の上にどのように証明されるかを確かめることです。

2　五義《ごぎ》

教《きょう》・機《き》・時《じ》・国《こく》・教法流布《きょうぼうるふ》の前後の五つを知ることをいい、宗教の五綱《ごこう》ともいいます。仏法を広めるに当たっての規範《きはん》であり、この観点《かんてん》に基《もと》づいて正しい宗教を選択《せんたく》することです。「教を知る」とは、仏菩薩《ぶつぼさつ》の説いた経律論《きょうりつろん》や、あらゆる思想哲学宗教の勝劣《しょうれつ》・浅深《せんじん》を見究《みきわ》めることです。「機を知る」の機とは衆生《しゅじょう》の機根《きこん》であり、教えを受け入れることのできる状態にあるかどうかを見定《みさだ》めることです。「時を知る」

とは、広まる教えに相応《そうおう》した時代であるかどうかを知ることです。「国を知る」とは、それぞれの国が、どのような教えに縁《えん》のある国かを知ることです。「教法流布の前後を知る」とは、先に広まった教えを知って、次に広まるべき教えを知るということです。

この五義のうちの、教の勝劣・浅深を判定する基準として、五重相対《ごじゅうそうたい》、五重三《ごじゅうさん》段《だん》、四重興廃《しじゅうこうはい》、四重浅深《しじゅうせんじん》、三重秘伝《さんじゅうひでん》などがあります。このなかのおもなものを簡単に説明しますと、

「五重相対」とは、内外《ないげ》相対・大小《だいしょう》相対・権実《ごんじつ》相対・本迹《ほんじゃく》相対・種脱《しゅだつ》相対の五重であり、仏教以外のすべての教えと仏教との比較検討《ひかくけんとう》から始まり、小乗教《しょうじょうきょう》より大乗教《だいじょうきょう》、権《ごん》大乗教より実《じつ》大乗教、法華経迹門《しゃくもん》より本門、文上脱益《もんじょうだっちゃく》より文底《もんてい》下種《げしゅ》と、次第に高度な教えを選択《せんたく》していく方法です。

「四重興廃」とは、釈尊の教えを、爾前《にぜん》経、法華経迹門、法華経本門、観心《かんじん》と

従浅《じゅうせん》至深《しじん》して勝劣興廃《しょうれつこうはい》を判じることです。

これらの基準に基《もと》づいて様々な角度《かくど》から判定を重ねるとき、初めて唯一《ゆいいつ》最高の正法を選定《せんてい》することができるのです。

3　どの宗教が正しいのか自分で確かめてみたい

現在、日本における宗教法人《しゅうきょうほうじん》は十八万以上あり、法人格を持たない宗教団体を含《ふく》めると二十二万余もあるといわれています（宗教年鑑　平成十八年版）。これほど多くの宗教について、実際《じっさい》に自分の目で善悪《ぜんあく》を確《たし》かめたいといってもそれは不可能《ふかのう》なことです。

またそのなかで仏法の教えは特に難信難解《なんしんなんげ》であり、体験《たいけん》の世界でもありますから、私たちがただ頭で宗教の正邪を理解《りかい》しようとしても、十年、二十年、または一生涯《いっしょうがい》を費《つい》やしてもできることではありません。結局《けっきょく》はどの宗教が正しいのかもわからず、信仰の道に入ることもできないでしょう。

たとえば川を渡ろうとする人が橋の手前で、この橋はいつ、だれが作ったのか、材料は何か、今までこわれたことはないか、などと詮索《せんさく》し続けて、結局、向こう岸に行きつくことができなかったという話があるように、すべてのものごとに対して、理解し納得《なっとく》しなければ信用しないという人は、一日たりとも生活できなくなるでしょう。

時には批判《ひはん》し、詮索《せんさく》することも必要ですが、元来《がんらい》、仏教に限《かぎ》らず、すべての宗教は信ずることから始まります。

法華経には、

「信《しん》を以《もっ》て入《い》ることを得たり」（譬喩品第三・法華経一七五ジペー）

とあり、日蓮大聖人は、

「仏法の根本は信を以て源《みなもと》とす」（日女御前御返事・御書一三八八ジペー）

と教示されています。

また大聖人は、

「有解無信《うげむしん》とて法門をば解《さと》りて信心なき者は更《さら》に成仏《じょうぶつ》すべからず。有信無解《うしんむげ》とて解《げ》はなくとも信心あるものは成仏すべし」（新池御書・御書一四六一ジペー）

と説かれて、たとえ仏法の教義を理解できる人であっても、信ずる心のない人を救うことはできないと教示され、さらに、

「法華本門の観心《かんじん》の意《い》を以て一代聖教《いちだいしょうぎょう》を按《あん》ずるに菴羅果《あんらか》を取って掌中《しょうちゅう》に捧《ささ》ぐるが如し」（十法界事・御書一七六ジペー）

と仰《おお》せられ、真実の仏法を信ずるとき、一切の宗教の浅深《せんじん》は、あたかもたなごころを見るように明らかになるのであると説かれています。

正しい御本尊を信受《しんじゅ》し修行《しゅぎょう》することによって、あなたの真実を求め、見極める力は、より正しく発揮《はっき》され、人生に大きく役立っていくことでしょう。

4　なぜ他の宗教を捨てなければならないのか

釈尊は、一代経の究極《きゅうきょく》である法華経に、

「正直《しょうじき》に方便《ほうべん》を捨《す》てて　但無《ただむ》上道《じょうどう》を説く」（方便品第二・法華経一二四ページ）

と仰《おお》せられるように、今まで説いてきた方便の教えを捨てて、無上の教えである法華経を唯一最高のものとして説かれました。そしてさらに、

「余経の一偈《いちげ》をも受けざる有《あ》らん」（譬喩品第三・法華経一八三ページ）

と戒《いまし》めています。

末法においては御本仏日蓮大聖人が建立《こんりゅう》された南無妙法蓮華経の仏法こそ、文《もん》底本因妙《ていほんにんみょう》の法華経といって究極中の究極であり、すべての仏菩薩《ぶつぼさつ》をはじめ全世界の

民衆《みんしゅう》を根本から成仏させる無上最高の真実法《しんじつほう》なのです。

したがって真実の一法以外はすべて方便の教えであり、これを権教《ごんぎょう》ともいいます。権《ごん》とは〝かり〟の意で、権教とは実教《じっきょう》に対する言葉です。

人がもし〝かり〟の教えを真実のものと信じ込んで、そのとおりに実行したならばどうでしょうか。月収《げっしゅう》が来月から十倍になるという仮定《かてい》の話をまともに受けて浪費《ろうひ》をしたら家計《かけい》はどうなるでしょう。権教を信ずる人は、現実と遊離《ゆうり》した架空《かくう》・仮定の人生を歩《あゆ》むことになるのです。

さらに日蓮大聖人は、

「『了義経《りょうぎきょう》に依《よ》って不了義経《ふりょうぎきょう》に依らざれ』と定《さだ》めて、経の中にも了義・不了義経を糾明《きゅうめい》して信受《しんじゅ》すべき」（開目抄・御書五五八㌻）

と教えられています。了義経とは完全無欠《かんぜんむけつ》な教えであり、不了義経とは不完全な教えのことで、日蓮正宗以外の宗旨《しゅうし》、宗派《しゅうは》はすべて不了義経に当たります。

どの宗教も一見、もっともらしいことを説きますが、要するにうわべの言葉よりも、いかなる経をよりどころとしているのか、教理《きょうり》が完全なものであるか、という点がもっとも大事なのです。一部分にありがたいことが説かれているからといっても、教理が不完全な宗教は、たとえば外見《がいけん》も設備《せつび》も立派であるが、エンジンの調子がよくない飛行機のようなものです。このような飛行機に「よいところもあるのだから」といって、あなたは乗ることができるでしょうか。

また、正しい教え以外の宗教を「覆相教《ふそうきょう》」といいます。これは真実の教えを覆《おお》いかくす教えという意味で、不完全な宗教は正しい仏法を覆いかくし、迷わせる働きをするゆえに、これを除《のぞ》かなければならないのです。

ここを大聖人は、

「今の時は権教即実教の敵《かたき》と成《な》る」（如説修行抄・御書六七二㌻）

と仰せられています。

人々を救おうとする仏の真実の教えに敵対《てきたい》する不完全な宗教は、人間を生命の奥深いところから迷わせ苦しめるものですから、これを悪法《あくほう》とも苦の因《いん》ともいうのです。

大聖人は、

「悪法世《よ》に弘《ひろ》まりて、人悪道《あくどう》に堕《お》ち、国土滅《めっ》すべし」

（頼基陳状・御書一一二九㌻）

と説かれ、悪業《あくごう》による果報《かほう》として、

① 周囲《しゅうい》の人々から軽蔑《けいべつ》される
② みにくい姿に生まれる
③ 粗末《そまつ》な衣服《いふく》や食《た》べ物《もの》しか得《え》られない
④ 財産《ざいさん》を求めて努力しても得られない
⑤ 貧《まず》しく下賤《げせん》の家や邪見の家に生まれる

⑥　不慮《ふりょ》の災難《さいなん》や事故に遭《あ》う
⑦　人間としての苦しみを常に味わう
と教えられています。

このように日蓮正宗以外の宗教は、人間を苦悩《くのう》の底につき落《お》とす悪法であり、仏の真意《しんい》に背《そむ》く仮《か》りのものであり、人々をたぶらかす不了義経なのです。まさに薬に似《に》た毒薬《どくやく》というべきでしょう。

釈尊は、

「但虚妄《ただこもう》を離《はな》るるを　名《な》づけて解脱《げだつ》と為《な》す」（譬喩品第三・法華経一七三㌻）

と説いています。真実の幸福は、虚妄の教えを捨てて正法に帰依《きえ》することによって得《え》られるのです。

５　なぜ日蓮正宗と他の宗教を一緒に信仰してはいけないのか

信仰は、もっとも勝《すぐ》れた宗教を選び、誠実《せいじつ》で清らかな信心を貫《つらぬ》くことが大切です。

たとえば一本の牛乳に、一滴《いってき》の毒を混《ま》ぜたならば、いかに養分《ようぶん》があるからといっても、あなたはその牛乳を飲むことはできないでしょう。

これと同じように、正しい宗教と邪《よこし》まな宗教を混同《こんどう》して修行することは、せっかくの正しい信仰の功徳《くどく》を消し、かえって苦しみを受ける結果になるのです。

釈尊は「四十余年未顕真実《しじゅうよねんみけんしんじつ》」と説いて、最後の八カ年に説かれた法華経以前の経々《きょうぎょう》はすべて権教《ごんぎょう》（仮《か》りの教え）であるから用《もち》いてはならないことを明かされています。

ところが真言宗《しんごんしゅう》、念仏宗《ねんぶつしゅう》をはじめ、他のほとんどの宗派《しゅうは》はこの四十余年間の経に依《よ》っているのですから、これらの教えを法華経の真実の教えに混《ま》じえてはならないのです。

それは良薬に毒を入れ、すべてを毒薬《どくやく》にしてしまうようなものだからです。

日蓮大聖人はこのことを、

「法華経を行ずる人の、一口《ひとくち》は南無妙法蓮華経、一口は南無阿弥陀仏《なむあみだぶつ》なんど申すは、飯《はん》に糞《ふん》を雑《まじ》へ沙石《いさご》を入れたるが如し」（秋元御書・御書一四四七ジペー）

と戒《いまし》められています。

大聖人の教えは、末法《まっぽう》のすべての人々を成仏《じょうぶつ》に導《みちび》く唯一《ゆいいつ》の大法です。

この大法を信じながら他の宗教を混じえることは、同じように成仏の道を閉《と》ざすことになります。

また大聖人が、

「何《いか》に法華経を信じ給《たま》ふとも、謗法《ほうぼう》あらば必ず地獄《じごく》にをつ《堕》べし。うるし《漆》千ばい《杯》に蟹《かに》の足一つ入《い》れたらんが如し」（曽谷殿御返事・御書一〇四〇ページ）

と説かれているように、いかに正法を持《たも》っても、ほんの少しでも法に背《そむ》くことがあれば、あたかも千杯の漆《うるし》に一本の蟹の足を入れて、漆の効用《こうよう》をなくしてしまうようなものであり、堕地獄《だじごく》のもとになるのです。

正しい仏法は、余事《よじ》を混じえずに信仰しなければ、なんの功徳《くどく》もありません。

大聖人が、

「此《こ》の南無妙法蓮華経に余事《よじ》をまじへば、ゆゝしきひが《僻》事《ごと》なり」

（上野殿御返事・御書一二一九ページ）

と仰《おお》せのように、成仏の大利益《だいりやく》は、日蓮正宗の仏法に余事を混じえず、清浄な心をもって信じ行ずるとき、初めてもたらされるのです。

6　日蓮正宗では、なぜ神棚《かみだな》や神札《かみふだ》をはずさせるのか

あなたが神棚や神札をはずすことに抵抗《ていこう》を感じるのは、それらに神の力がこもっており、その力によって守られると考えているることによるのでしょうが、それはまったく逆《ぎゃく》なのです。

大聖人は、

「世皆正《よみなしょう》に背《そむ》き人悉《ことごと》く悪に帰《き》す。故《ゆえ》に善神《ぜんじん》国を捨《す》てゝ相去《あいさ》り、聖人所《しょうにんところ》を辞《じ》して還《かえ》らず。是《ここ》を以《もっ》て魔《ま》来《き》たり鬼《き》来たり、災起《さいお》こり難《なん》起こる」

（立正安国論・御書二三四ジペー）

と仰《おお》せです。

諸天善神《しょてんぜんじん》は、妙法を法味《ほうみ》として威力《いりょく》を増《ま》し、民衆《みんしゅう》を守護《しゅご》する力を増していくのです。

ところが、白法隠没《びゃくほうおんもつ》の末法《まっぽう》の世の中においては、正法《しょうぼう》を信仰する者が少なく、正法に背いている者が多いために、諸天善神は法味《ほうみ》に飢《う》えて、社《やしろ》を捨てて天上《てんじょう》にのぼってしまっているのです。

したがって現在の神社には、悪鬼《あっき》・魔神《まじん》が棲《す》みついて災難《さいなん》を引き起こすのです。

ですからあなたの家の神棚や神札にも悪鬼が棲みついていますので、拝《おが》まなくてもそれがあることによって、あなたの生命はもちろんのこと、生活にも悪影響《あくえいきょう》を及《およ》ぼし、ひいては先祖《せんぞ》をも苦しめることになるのです。

法華経には、

「若《も》し人信《ひとしん》ぜずして　此《こ》の経《きょう》を毀謗《きぼう》せば　則《すなわ》ち一切《いっさい》　世間《せけん》の仏種《ぶっしゅ》を断《だん》ぜん（中略）其《そ》の人命終《みょうじゅう》して　阿鼻獄《あびごく》に入《い》らん」（譬喩品第三・法華経一七五ジペー）

と説かれています。

末法においては「此の経」とは、法華経の文底《もんてい》に秘沈《ひちん》された三大秘法《さんだいひほう》の南無妙法蓮華経のことです。

したがって日蓮正宗以外の宗派《しゅうは》の本尊や神社の神札などの、信仰の対象《たいしょう》となるものはすべて正法に背《そむ》くものであり、人々を不幸に陥《おとしい》れる原因をなすものですから、神棚や神札は速《すみ》やかに捨《す》てることが肝要《かんよう》です。

7　もっとも正しい宗教とは何か

もっとも正しい宗教としての条件《じょうけん》は、

第一に、教主《きょうしゅ》が宇宙《うちゅう》の真理《しんり》と人間の生命の実相《じっそう》を完璧《かんぺき》に悟《さと》った方であること

第二に、教義《きょうぎ》が因果《いんが》の道理《どうり》に基《もと》づいたもので、それが経典《きょうてん》として誤《あやま》りなく表記《ひょうき》されていること

第三に、本尊《ほんぞん》が全人類《ぜんじんるい》にとって尊崇《そんすう》に値《あたい》するものであり、現実《げんじつ》に即《そく》したものであること

第四に、信仰修行の規範《きはん》が普遍的《ふへんてき》で社会的《しゃかいてき》、人道的通念《じんどうてきつうねん》に反しないものであること

第五に、信仰によって得《え》られる利益《りやく》が教説《きょうせつ》に適《かな》っており、表面的、一時的なものでなく、本質的《ほんしつてき》、永続的《えいぞくてき》な利益であることなどを挙《あ》げることができます。

第一の教主の悟りについていえば、数多い宗教のなかで、宇宙の実相と人間生命を深く観達《かんたつ》し、適確《てきかく》に説き尽《つ》くした教えは仏教に勝《まさ》るものはありません。キリスト教のイエスやイスラム教のマホメットなどは神の子とか神の使徒《しと》として絶対神《ぜったいしん》を説きましたが、彼らは神の啓示《けいじ》を受けたというだけで、過去《かこ》に何を修行し、いかなる道理によって何を悟ったのかはまったく不明です。その教義内容も生命の本質《ほんしつ》に立脚《りっきゃく》したものでなく、戒律《かいりつ》によって表面的な言動《げんどう》を規制《きせい》し、奇跡《きせき》と空想《くうそう》を説いているに過ぎません。

その点、仏教は教主釈尊《きょうしゅしゃくそん》の因行《いんぎょう》と果徳《かとく》を明らかに教示《きょうじ》し、五十年間の説法をとおして宇宙の真理《しんり》と人間生命の実相をあらゆる点から完璧《かんぺき》に説き尽くしています。釈尊が成仏《じょうぶつ》した根本の一法とは、久遠元初《くおんがんじょ》というこの世の最初の時代に、我が身がそのまま大法界の真理の当体《とうたい》なりと悟られた自受用報身《じじゅゆうほうしん》という仏様の教えであり、この久遠元初の仏様が末法《まっぽう》に日蓮大聖人として出現されたのです。

第二の教義の正当性《せいとうせい》と経典についていては、釈尊の説いた仏典《ぶってん》は数多く現存《げんぞん》し、その内容もすべて道理に適《かな》ったものですが、その究極《きゅうきょく》が法華経です。この法華経の予《よ》言《げん》どおりに末法の御本仏《ごほんぶつ》として日蓮大聖人が出現され、一切衆生《いっさいしゅじょう》を救うために命《いのち》に及ぶ迫害《はくがい》のなかで南無妙法蓮華経の七字を説きました。この南無妙法蓮華経は諸仏《しょぶつ》成道《じょうどう》の根本原因の仏法であり、教義の面からも、功徳《くどく》の面からも釈尊の法華経より、はるかに勝《すぐ》れたものです。大聖人はこの大仏法を広く人々に説き示すために厖《ぼう》大《だい》な量の御書《ごしょ》を書き遺《のこ》されています。

第三の本尊についていては、本尊とは〝根本として尊崇《そんすう》すべきもの〟の意味で、少なくとも人間としてだれもが尊敬《そんけい》するに値《あたい》するものでなければなりません。世の宗教のなかには、キツネ（稲荷《いなり》）、ヘビ（竜神《りゅうじん》）、ワニ（金毘羅《こんぴら》）などの畜生《ちくしょう》を拝《おが》むものや、先祖供養《せんぞくよう》に名を借《か》りて亡者《もうじゃ》の霊《れい》を本尊とするもの、仏としての悟りを得ていない菩薩《ぼさつ》や天上《てんじょう》の神などを本尊とするものなどがありますが、これらは最上至尊《さいじょうしそん》の本尊ではないのです。また、いかに立派《りっぱ》な神や仏を立てても、それが架空《かくう》のものであったり、空想上《くうそうじょう》のものであっては、貴重《きちょう》な人生を託《たく》する本尊としては極めて頼《たよ》りなく、危険《きけん》なことというべきです。久遠元初の仏である日蓮大聖人が、

「日蓮がたましひ《魂》をすみ《墨》にそめながしてかきて候《そうろう》ぞ、信じさせ給《たま》へ」

（経王殿御返事・御書六八五ジペー）

と仰《おお》せられて、御身《おんみ》に具《そな》わる一切《いっさい》の悟りと大功徳《だいくどく》の力をそのまま図顕《ずけん》された本門戒壇《ほんもんかいだん》の大御本尊こそ、もっとも尊《とうと》く勝《すぐ》れた御本尊なのです。

第四の信仰修行についていえば、宗教のなかには修行として、山にこもったり、断食《だんじき》をするもの、神札《かみふだ》や守《まも》り札《ふだ》を貼《は》っておけば修行は一切必要ないというものなど

様々です。また戒律宗教などの教えを現実生活のなかで堅持《けんじ》しようとすると、様々な支障《ししょう》をきたしたり、非常識《ひじょうしき》な行為《こうい》になることもあります。日蓮正宗の信仰は教条的《きょうじょうてき》に現実生活上の行動《こうどう》を規制するものではなく、日常生活のなかで日々、御本尊を信じて礼拝《らいはい》し唱題《しょうだい》することが基本《きほん》であり、だれでも支障なく信行に励《はげ》むことができるのです。

第五の信仰による利益《りやく》については、大聖人が、

「道理証文よりも現証にはすぎず」（三三蔵祈雨事・御書八七四㌻）

と仰せられるように、現証は宗教を判定《はんてい》する上でもっとも大切なことです。

さらに大聖人は、

「南無妙法蓮華経と申す人をば大梵天《だいぼんてん》・帝釈《たいしゃく》・日月《にちがつ》・四天等《してんとう》昼夜《ちゅうや》に守護《しゅご》すべし」

（諫暁八幡抄・御書一五四三㌻）

とも、

「南無妙法蓮華経の七字のみこそ仏になる種《たね》には候へ」

（九郎太郎殿御返事・御書一二九三㌻）

とも仰せられています。すなわち、日蓮正宗の御本尊を信じて南無妙法蓮華経と唱える人は、諸天善神《しょてんぜんじん》に守護され、未来永劫《みらいえいごう》にくずれることのない仏の境界《きょうがい》を築《きず》くことができるのです。

現在、日本国内のみならず全世界において、本宗信徒が歓喜《かんき》に満《み》ちて仏道修行《ぶつどうしゅぎょう》に邁進《まいしん》しています。

８　なぜ日蓮正宗だけが正しいといえるのか

「正とは一に止《とど》まる」という言葉《ことば》がありますが、正しい教法が二つも三つもあるわけがありません。これについて、釈尊は、

「十方仏土《じっぽうぶつど》の中には　唯一乗《ただいちじょう》の法のみ有り」（方便品第二・法華経一一〇㌻）

と説き、日蓮大聖人は、

「今、末法《まっぽう》に入《い》りぬれば余経《よきょう》も法華経もせん《詮》なし。但《ただ》南無妙法蓮華経なるべし」（上野殿御返事・御書一二一九㌻）

と仰《おお》せられています。

日蓮正宗がもっとも正しい宗旨《しゅうし》である理由は、法華経の予証《よしょう》どおり末法に出現さ

れた御本仏《ごほんぶつ》日蓮大聖人の教えを、七百五十年間にわたって現在まで清浄に誤《あやま》りなく受けついできた唯一《ゆいいつ》の教団《きょうだん》であるから、といえましょう。

鎌倉時代に出現《しゅつげん》された日蓮大聖人は、末法万年にわたって人々を苦悩《くのう》の闇《やみ》から救済《きゅうさい》するために、数々《かずかず》の大難《だいなん》に遭《あ》いながら、南無妙法蓮華経を説き顕《あらわ》されました。そして南無妙法蓮華経の法体《ほったい》として一閻浮提総与《いちえんぶだいそうよ》（全世界のすべての人々に与えるという意味）の大漫荼羅御本尊《だいまんだらごほんぞん》を図顕建立《ずけんこんりゅう》されたのです。この御本尊は日蓮大聖人の当体《とうたい》でもあり、久遠元初《くおんがんじょ》の自受用身《じじゅゆうしん》という宇宙法界《うちゅうほうかい》の根本真理《こんぽんしんり》の当体でもあります。

大聖人は、

「抑《そもそも》当世の人々何《いず》れの宗々にか本門《ほんもん》の本尊《ほんぞん》・戒壇等《かいだんとう》を弘通《ぐづう》せる。仏滅後《ぶつめつご》二千二百二十余年に一人も候《そうら》はず」（教行証御書・御書一一一〇ページ）

と、大聖人ただ一人、末法の仏として出現され、三大秘法《さんだいひほう》の大法を広めることを明かされています。

三大秘法とは本門の本尊・本門の戒壇・本門の題目をいいますが、本門の題目とは大聖人が建立された一閻浮提総与の大御本尊に向かって唱える題目のことであり、本門の戒壇とはこの大御本尊が安置《あんち》され、しかも一切の人々が修行する場所をいいます。

したがって三大秘法のなかには「本門の本尊」が中心であり、本門の本尊なくしては戒壇も題目も存在《そんざい》しないのです。このゆえに本門の本尊を「三大秘法総在《そうざい》の御本尊」とも尊称《そんしょう》します。

日蓮大聖人は入滅《にゅうめつ》に先立《さきだ》って、門弟《もんてい》のなかから日興上人《にっこうしょうにん》を選《えら》んで、本門戒壇の大御本尊をはじめとする法門《ほうもん》のすべてを相承《そうじょう》し付嘱《ふぞく》されました。

大聖人の精神《せいしん》と法義《ほうぎ》を固《かた》く守られた日興上人は、時あたかも地頭《じとう》の不法《ふほう》によって謗法《ほうぼう》の地になりつつあった身延《みのぶ》の地を去る決意《けつい》をされ、大聖人が生前《せいぜん》より、

「霊山浄土《りょうぜんじょうど》に似《に》たらん最勝《さいしょう》の地を尋《たず》ねて戒壇を建立すべき者か。時を待《ま》つべきのみ」（三大秘法抄・御書一五九五㌻）

「国主此《こくしゅこ》の法を立てらるれば、富士山に本門寺《ほんもんじ》の戒壇を建立せらるべきなり」（日蓮一期弘法付嘱書・御書一六七五㌻）

と遺命《ゆいめい》されていたとおり、日本第一の名山《めいざん》・富士山の麓《ふもと》に一切の重宝《じゅうほう》を捧持《ほうじ》して弟子たちと共《とも》に移られ、そこに大石寺《たいせきじ》を建立されたのです。

そののち、大聖人の仏法は第三祖日目上人《にちもくしょうにん》、第四世日道《にちどう》上人と、一器《いっき》の水を一器に移すように代々の法主上人《ほっすしょうにん》によって受けつがれ厳護《げんご》されて、現在、御当代《ごとうだい》上人に正しく伝えられているのです。この間《かん》の宗門史《しゅうもんし》は、また正法厳護のための尊《とうと》い苦難の歴史でもありました。

今、私たちが総本山大石寺に参詣《さんけい》し、一閻浮提総与の大御本尊を拝《はい》するとき、「須弥山《しゅみせん》に近づく鳥は金色《こんじき》となる」（本尊供養御書・御書一〇五四㌻）

の金言《きんげん》どおり、私たちの生命の奥底《おうてい》は仏の威光《いこう》に照らされて金色に輝《かがや》き、即身成仏《そくしんじょうぶつ》の姿になっているのです。

現在、国の内外《ないがい》を問《と》わず、大御本尊の広大《こうだい》な功徳によって苦悩を希望《きぼう》に転じ、福徳《ふくとく》に満《み》ちて信心に励《はげ》む多くの人々の姿が、日蓮正宗の正しさを物語《ものがた》っているといえましょう。

9　日蓮正宗がそんなによい宗旨《しゅうし》なら、なぜ社会の人から広く受け入れられないのか

質問の内容は色々な意味に解釈《かいしゃく》できます。具体的《ぐたいてき》にいえば、「そんなによい宗旨なら」、

①　もっと昔から広まっていたはずだ
②　もっと大勢《おおぜい》の人が信仰《しんこう》するはずだ
③　もっと学識者《がくしきしゃ》や著名人《ちょめいじん》に受け入れられるはずだ
④　もっと短期間に広まるはずだ

などの意味を含《ふく》んでいるように思われます。

今、これらの疑問に対して、まとめて説明しましょう。

釈尊は法華経に、

「此《こ》の法華経《ほけきょう》、最《もっと》も為《こ》れ難信難解《なんしんなんげ》なり」（法師品第十・法華経三二五ページ）

と説き、法華経は随自意《ずいじい》といって衆生《しゅじょう》の機根《きこん》にかかわりなく、仏が悟《さと》った法をそのまま説かれたもので、教義《きょうぎ》が深遠なために難信難解であり、さらに正法を信ずるときは必ず大難《だいなん》や障害《しょうがい》が起《お》こるために難信難解なのであると仰《おお》せられています。

特に末法《まっぽう》は衆生の機根も邪悪《じゃあく》な時代であり、出現《しゅつげん》される仏も弘通《ぐづう》される教法《きょうぼう》もより鮮明《せんめい》に破邪顕正《はじゃけんしょう》を旨《むね》とするものであるから、迫害《はくがい》や誹謗《ひぼう》は身命《しんみょう》に及《およ》ぶものとなり、弘教《ぐきょう》は困難《こんなん》を極めるであろうと、釈尊は予言《よげん》されました。

釈尊の予言どおり、末法の御本仏《ごほんぶつ》日蓮大聖人の生涯《しょうがい》は、立正安国《りっしょうあんこく》と衆生済度《しゅじょうさいど》の大慈悲《だいじひ》に貫《つらぬ》かれ、同時にまた邪悪な大難障魔《だいなんしょうま》との闘《たたか》いの連続《れんぞく》でもありました。

日蓮正宗は日蓮大聖人の教えのままに、法の正邪を峻別《しゅんべつ》する折伏《しゃくぶく》の宗旨《しゅうし》であり、個々《ここ》の人間に活力《かつりょく》を与《あた》え、現実生活の向上《こうじょう》を説く宗教であるため、封建主義《ほうけんしゅぎ》の時代には、民衆《みんしゅう》を抑圧《よくあつ》して体制維持《たいせいいじ》を計《はか》る為政者《いせいしゃ》から弾圧《だんあつ》されたのです。

したがって日蓮正宗の本格的《ほんかくてき》な布教《ふきょう》は、信教の自由、布教の自由が認められたのちといっても過言《かごん》ではありません。

折伏弘教が進むにつれて、その反動《はんどう》としての中傷《ちゅうしょう》や妨害《ぼうがい》も様々に起《お》こりました。なかには、せっかく日蓮正宗の話を聞いても、悪質《あくしつ》なデマに惑《まど》わされたり、世間《せけん》の目を気にして入信できなかった人も多くいたのです。

現在でも、正邪をはっきりさせることに抵抗《ていこう》を感じる人や、信仰するよりは遊んでいたほうが楽しいという人、朝夕の勤行《ごんぎょう》と聞いて尻《しり》ごみする人など、入信できない人も大勢《おおぜい》いるようです。

そのようななかで、人生を真摯《しんし》に考え、先祖《せんぞ》からの宗教を改《あらた》めて日蓮正宗に帰《き》依《え》することは実に勇気《ゆうき》のいることであり、至難《しなん》の業《わざ》なのです。それにもかかわらず、日蓮正宗の信徒は、現在、日本国内のみならず全世界で広く活躍《かつやく》しています。

様々な障害《しょうがい》があるなかで、このように発展《はってん》したのは、本宗僧俗《そうぞく》の折伏弘教の努力によることはいうまでもありませんが、何よりも日蓮正宗の仏法が正統《せいとう》であり、御本尊に偉大《いだい》な功徳力《くどくりき》が厳然《げんぜん》とましますからにほかなりません。

世間《せけん》には学識者や有力者《ゆうりょくしゃ》、著名人《ちょめいじん》といわれる人がおりますが、このなかには日蓮正宗の信仰をしている人もいれば、宗教にまったく無知《むち》な人、世評《せひょう》や保身《ほしん》を気にして信仰できない人など様々です。ですから学識者や著名人が信仰する、しないによって宗教の必要性や正邪を判断《はんだん》することは、あまり意味のないことです。

また〝なぜ短期間に広まらないのか〟という点ですが、日蓮大聖人の仏法に大利《だいり》益《やく》があるからといって、一年や二年で願いごとがすべてかなうというわけにはいきません。

なぜなら私たちには過去世《かこせ》からの種々の宿業《しゅくごう》があり、花も時が来なければ咲かないように、信仰の功徳が開花《かいか》する時期は人によって異《こと》なるのです。また賢明《けんめい》な親は子供の欲《ほ》しがる物をいいなりに買い与えないのと同じように、目先《めさき》の願望《がんぼう》をかなえるだけが仏様の慈悲《じひ》ではありません。いかなる時でも、正法を堅持《けんじ》し生命力を発揮《はっき》して人生を悠々《ゆうゆう》と歩《あゆ》む人間になっていくところに、正法の真実の利益があるのです。

したがって信仰の利益は、他人の目から見て容易《ようい》に判断できるものではありません。しかし信仰によって御本尊の功徳を実感《じっかん》し、体験《たいけん》した人々の喜びと確信《かくしん》が、現在、多くの人々を正法に導《みちび》き、真実の幸福への人生を歩ませているのです。難信難解の正法を語り、その功徳のすばらしさを伝えていくためには、着実《ちゃくじつ》な努力と時間の積み重ねが必要なことはいうまでもありません。

あなたが、もし本当に〝日蓮正宗は社会に広く受け入れられていない〟と思い込んでいるならば、それは無認識《むにんしき》による誤解《ごかい》であり、さもなければ偏見《へんけん》というべきです。

また〝もっと大勢《おおぜい》の人が信仰しなければ、自分は信仰する気にならない〟という意《い》図《と》で冒頭《ぼうとう》の質問をされるならば、それはあたかも〝もう少し大勢の人が法律《ほうりつ》を守らなければ、自分も法律を守る気がしない〟ということと同じで、良識《りょうしき》ある人のいうことではありません。

他人がどうあろうと、周囲《しゅうい》にどう評価《ひょうか》されようと、正しい道を知ったならば、確信を持って自ら邁進《まいしん》する人こそ、真に勇気ある人であり、聡明《そうめい》な人というべきでしょう。

10　日蓮正宗の信仰をすると、どのような利益《りやく》があるのか

法華経に、

「如来《にょらい》の知見《ちけん》は、広大深遠《こうだいじんのん》なり」（方便品第二・法華経八九ジペー）

と説かれているように、仏の知見と功徳《くどく》のすべてを書き記《しる》すことはとうてい不可能《ふかのう》なことですが、経文と御書のなかから主《おも》な教示《きょうじ》を挙《あ》げてみましょう。

まず、分別功徳品《ふんべつくどくほん》には、

「釈尊の滅後《めつご》にこの経（法華経すなわち南無妙法蓮華経）をよく行《ぎょう》ずる者は、

① 本尊を安置《あんち》する塔寺《とうじ》を建立《こんりゅう》する

② 僧坊《そうぼう》などの修行者の道場《どうじょう》を建立寄進《きしん》する境遇《きょうぐう》になる

③　正法《しょうぼう》を修行する人に対して深く敬《うやま》い供養《くよう》する
④　仏法を正しく理解《りかい》して他の人に法を説くことができる
⑤　行動や言葉《ことば》が正しく清らかになる
⑥　正法の善友《ぜんゆう》にめぐまれる
⑦　忍耐《にんたい》の心が強くなり、瞋《いか》りがなくなる
⑧　意志《いし》や信念《しんねん》が固くなり、周囲《しゅうい》の悪法《あくほう》に紛動《ふんどう》されなくなる
⑨　心が落ち着き、考えが深くなる
⑩　何物《なにもの》にも恐《おそ》れず、善行《ぜんぎょう》をたゆまず積み重ねる
⑪　多くの善《よ》い教えや知識《ちしき》を正しく活《い》かすことができる
⑫　感覚《かんかく》が鋭利《えいり》となり、頭脳《ずのう》は明晰《めいせき》になり、智慧《ちえ》は深くなる
⑬　難問《なんもん》を解決《かいけつ》する力が具《そな》わる」（法華経四五九ジペー取意）
と説かれています。

また随喜功徳品《ずいきくどくほん》には、

「正法を聞く功徳について、

① 正法を説く寺院に詣《もう》で、あるいは座《すわ》り、あるいは立って、この経をわずかな間《あいだ》でも聴聞《ちょうもん》する功徳は、来生《らいしょう》には最上《さいじょう》の宝車《ほうしゃ》を得《え》て天人《てんにん》の宮殿《きゅうでん》に生まれる

② 正法を講《こう》ずるところに行き、座して聞き、他人に勧めて正法を聴聞せしめ、また座を分《わ》かち与《あた》える功徳は、来生は仏法守護《しゅご》の統領《とうりょう》である帝釈天《たいしゃくてん》の座に、また娑婆《しゃば》世界の主《しゅ》である大梵天の座に生まれる。あるいは人間世界の最高統《とう》治者《ちしゃ》である転輪聖王《てんりんじょうおう》の座に生まれる

③ 他人に勧《すす》めて共《とも》に法華経を聞く功徳は、来生は聡明《そうめい》で智慧が深く、健康《けんこう》な身《しん》心《しん》と整《ととの》った美しい容姿《ようし》をもって生まれ、世々《せせ》に仏に値《あ》い福徳《ふくとく》を増すようになる」（法華経四六八ジペー取意）

と説かれています。

また日蓮大聖人は『経王殿御返事《きょうおうどのごへんじ》』に、

「この御本尊を信ずる者は、

① 病魔《びょうま》や障害《しょうがい》に犯《おか》されない

② 諸天善神《しょてんぜんじん》に守護される

③ 福徳が増して幸福になる

④ どんな場合でも恐《おそ》れることがなくなる

⑤ 自由自在の境遇になる」（御書六八五ページ取意）

と説かれ、『当体義抄《とうたいぎしょう》』には、

「正直《しょうじき》な心で南無妙法蓮華経と唱える人は、

① 不幸《ふこう》の根源《こんげん》である悪心《あくしん》（煩悩《ぼんのう》）が、正しい判断力《はんだんりょく》を具《そな》えた、仏のような智慧（般若《はんにゃ》）に転《てん》ずる

② 悪い行為《こうい》（業《ごう》）は、希望《きぼう》に満ちた自在《じざい》の境界《きょうがい》（解脱《げだつ》）に転ずる

③　苦しみや悩《なや》み（苦）は、そのまま仏のような清浄な生命（法身《ほっしん》）に転ずる」

（御書六九四ジペー取意）

と仰《おお》せられています。

総本山大石寺第二十六世日寛上人《にちかんしょうにん》も、

「此《こ》の本尊の功徳、無量無辺《むりょうむへん》にして広大深遠《こうだいじんのん》の妙用《みょうゆう》有り。故《ゆえ》に暫《しばら》くも此の本尊を信じて南無妙法蓮華経と唱うれば、則《すなわ》ち祈《いの》りとして叶《かな》わざる無く、罪《つみ》として滅《めっ》せざる無く、福として来《き》たらざる無く、理《り》として顕《あら》われざる無きなり」

（観心本尊抄文段・御書文段一八九ジペー）

と教えられています。

大御本尊の功徳は、即身成仏《そくしんじょうぶつ》の境界《きょうがい》に極《きわ》まるのですが、そのためには、自《みずか》ら信心を奮《ふる》い起《お》こし、正しい指導《しどう》のもとに修行しなければならないのです。

11　日蓮正宗の信仰には、なぜ利益《りやく》があるのか

天台大師《てんだいだいし》は、利益と功徳《くどく》について、

「厳密《げんみつ》にいえば、功徳とは自《みずか》ら積《つ》むものであり、利益とは他から与《あた》えられるものという違《ちが》いはあるが、仏道修行《ぶつどうしゅぎょう》による得益《とくやく》の相《すがた》からいえば、その意義は同一である」（玄義会本下一三四ジペー取意）

といわれています。したがって、普通は利益のことを功徳といってもさしつかえありません。

妙楽大師《みょうらくだいし》の『弘決《ぐけつ》』に、

「縦使《たとい》、発心真実《ほっしんしんじつ》ならざる者も、正境《しょうきょう》に縁《えん》すれば功徳猶《なお》多し」

（止観会本上一七五ページ）

といわれるように、日蓮大聖人が顕《あらわ》された一閻浮提総与《いちえんぶだいそうよ》の大御本尊《だいごほんぞん》には、仏様が一切衆生《いっさいしゅじょう》を救《すく》う仏力《ぶつりき》と、あらゆる災《わざわ》いを除《のぞ》いて人々を幸福に導《みちび》く法力《ほうりき》が厳然《げんぜん》と納《おさ》められておりますので、これに縁《えん》する者は大きな功徳を積むことができるのです。

御本尊を拝《はい》しますと左の御《おん》方に「有供養者福過十号《うくようしゃふくかじゅうごう》」としたためられています。

十号《じゅうごう》とは、仏様の尊称《そんしょう》で、如来《にょらい》・応供《おうぐ》・正偏知《しょうへんち》・明行足《みょうぎょうそく》・善逝《ぜんぜい》・世間解《せけんげ》・無上士《むじょうし》・調御丈夫《じょうごじょうぶ》・天人師《てんにんし》・仏世尊《ぶっせそん》のことですが、これについて大聖人は、

「末代《まつだい》の法華経の行者を讃《ほ》め供養《くよう》せん功徳は、彼《か》の三業相応《さんごうそうおう》の信心にて、一劫《いっこう》が間《あいだ》 生身《しょうじん》の仏を供養し奉るには、百千万億倍《ひゃくせんまんのくばい》すぐべしと説き給ひて候《そうろう》。これを妙楽大師《みょうらくだいし》は福過十号《ふくかじゅうごう》とは書《か》かれて候なり」（法蓮抄・御書八一三ページ）

と仰《おお》せられ、法華経の行者・日蓮大聖人の当体《とうたい》である御本尊を信仰し供養する者の功徳は、仏典《ぶってん》に説き示されている生身の仏を長い間供養するよりも百千万億倍勝《すぐ》れ、

その無量の智慧《ちえ》と福徳《ふくとく》は仏の十号にも勝《まさ》ると説かれています。

したがって仏力《ぶつりき》・法力《ほうりき》の功徳は、他から安易《あんい》に与《あた》えられるものではなく、御本尊に対する信力《しんりき》・行力《ぎょうりき》を磨《みが》くことによって、初めて積むことができるのです。

普通〝御利益〟というと、お金が儲《もう》かったり、病気が治《なお》ったり、願いごとがかなうなどの目前《めさき》の現証《げんしょう》だけを考えがちです。このような今世《こんぜ》の利益も大事ではありますが、仏様は、すべての生命は今世だけのものではなく、過去《かこ》・現在《げんざい》・未来《みらい》の三世《さんぜ》にわたって永遠不滅《えいえんふめつ》なるがゆえに過去世《かこせ》の罪障《ざいしょう》を消滅《しょうめつ》し、今世のみならず未来永劫《みらいえいごう》にわたって清浄な幸福境界《きょうがい》を確立《かくりつ》することが真実の利益であると教えられています。

日蓮大聖人は功徳について、

「功徳とは六根清浄《ろっこんしょうじょう》の果報《かほう》なり（中略）悪《あく》を滅《めっ》するを功《く》と云《い》ひ、善《ぜん》を生《しょう》ずるを徳《とく》と云ふなり。功徳《おおきなるさいわい》とは即身成仏《そくしんじょうぶつ》なり」（御義口伝・御書一七七五ジペー）

と仰せです。六根とは、眼根《げんこん》・耳根《にこん》・鼻根《びこん》・舌根《ぜっこん》・身根《しんこん》・意根《いこん》の、生命の識別《しきべつ》作用《さよう》の器官《きかん》をいい、それが清浄になるとは、六根に具《そな》わる煩悩《ぼんのう》のけがれが払《はら》い落とされて清らかになり、ものごとを正しく判断《はんだん》できる英知《えいち》が生まれることなのです。

したがって正しい御本尊を信ずるとき、煩悩はそのまま仏果《ぶっか》を証得《しょうとく》する智慧となり、生命に内在《ないざい》する仏性《ぶっしょう》はいきいきと発動《はつどう》し、迷いの人生は希望に満《み》ちた楽しい人生に転換《てんかん》されていくのです。

これを即身成仏の境界というのです。

正しい信仰を知らない人は、この六根が無明《むみょう》の煩悩におおわれて、人生に対する判断に迷い、取り返しのつかない過《あやま》ちを犯《おか》すことが多いのです。

このように日蓮正宗の信仰は、人間の生命を根本から浄化《じょうか》し、英知《えいち》と福徳を具えた幸福な人生を築《きず》くものですが、その利益は個々《ここ》の人間にとどまるものではありません。

大聖人は依正不二《えしょうふに》という法門《ほうもん》を説かれています。依《え》とは、私たちが生活するこの国土・環境をいい、正《しょう》とは、私たち人間のことです。この法門は、人間の思想や行動がそのまま非情《ひじょう》の国土世界《こくどせかい》に反映《はんえい》するという〝不二〟の関係にあることを明かしたものであり、国土の災害《さいがい》や戦乱《せんらん》・飢餓《きが》を根本的《こんぽんてき》に解決し、悠久《ゆうきゅう》の平和社会を実現《じつげん》するためには、正報《しょうほう》である人間が清浄な福徳に満ちた生命に転換しなければならないことを示したものです。

私たちが三世《さんぜ》にわたって即身成仏の境界を築き、しかも国土を平和社会に変える方途《ほうと》は、日蓮正宗総本山大石寺に厳護《げんご》される本門戒壇《ほんもんかいだん》の大御本尊を純真《じゅんしん》に拝し、弘宣《ぐせん》していく以外にはないのです。

引用書名略号

御　　書——平成新編日蓮大聖人御書（大石寺版）
平成校定——平成校定日蓮大聖人御書（大石寺版）
法 華 経——新編妙法蓮華経並開結（大石寺版）
御書文段——日寛上人御書文段（大石寺版）
玄義会本——訓読法華玄義釈籤会本（富士学林版）
文句会本——訓読法華文句記会本（富士学林版）
止観会本——訓読摩訶止観輔行伝弘決会本（富士学林版）

《日蓮正宗布教叢書3》

正しい宗教と信仰

昭和六十年八月二十四日　初　版第一刷発行
平成十九年九月一日　改訂版第一刷発行
令和三年二月二十六日　改訂版第五刷発行

監　修　日蓮正宗宗務院　教学部
編　者　日蓮正宗布教研修会
発　行　株式会社　大日蓮出版
静岡県富士宮市上条五四六番地の一
印　刷　株式会社　きうちいんさつ

ISBN978-4-910458-02-1